Immobilienfinanzierung leicht gemacht

Daniela Landgraf

Impressum:

Daniela Landgraf – Immobilienfinanzierung leicht gemacht

Erschienen 2020 im ASV Verlag Bochum

ISBN: 978-3-9822017-7-1   1. Auflage

Illustrationen: Diana Isabell Glusa & Michael David
Coverillustration: LUCASGREY /Pixabay
Autorenfoto: Petra Fischer, Fotostudio Snapshots

Bibliographische Information der Deutschen Nationalbibliothek

Die Deutsche Nationalbibliothek verzeichnet diese Publikation in der Deutschen Nationalbibliografie; detaillierte bibliographische Daten sind im Internet unter www.dnb.de abrufbar.

Sämtliche Ablichtungen, Auszüge und sonstige Nutzung in Print- und Onlinemedien sind ohne schriftliche Genehmigung des Verlages nicht gestattet. Alle Rechte vorbehalten.

Eine Haftung des Verlages für die im Buch genannten Empfehlungen ist ausgeschlossen.

Immobilienfinanzierung leicht gemacht!
1. Immobilienfinanzierung ist wie das Lernen einer Fremdsprache 6
2. Wie realistisch sind Berechnungen aus Online-Rechnern? 9
3. Die richtige Immobilie finden 13
   - 3.1. Die selbstgenutzte Immobilie 13
   - 3.2. Die vermietete Immobilie 15
4. Den richtigen Finanzierungsberater finden 17
5. Die richtige Finanzierung finden 21
   - 5.1. Wichtige Begriffe in der Immobilienfinanzierung 23
   - 5.2. Welche Fragen sollten gestellt werden, um die richtige Finanzierung zu finden? 27
6. Wie viel Haus kann ich mir leisten? 33
7. Die verschiedenen Darlehensarten 39
   - 7.1. Annuitätendarlehen 39
   - 7.2. Bausparfinanzierung 42
   - 7.3. Tilgungsaussetzungsdarlehen 54
   - 7.4. Variable und Cap-Darlehen 55
   - 7.5. Nachrang-Darlehen 56
   - 7.6. Forward-Darlehen 59
8. Förderbanken, Förderdarlehen und sonstige Förderungen 64
   - 8.1. KFW-Darlehen und Baukindergeld 64
   - 8.2. Förderbanken der Bundesländer 66
9. Finanzierungsgestaltung in der Praxis 70
   - 9.1. Berechnung der Finanzierungssumme 71
   - 9.2. Finanzierungsgestaltung für Eigennutzer 76
   - 9.3. Finanzierungsgestaltung für Kapitalanleger 78
10. Einzureichende Unterlagen bei der Bank 84
11. K.O.-Kriterien bei der Bank 88
12. Grundlagen Grundbuchrecht 91
13. Wichtiges zum Thema Darlehensauszahlung 100
14. Versicherungsschutz: muss das sein? 104
15. Die Top 12 Fehler in der Immobilienfinanzierung 108
16. Meine persönliche Geschichte mit Immobilien 113
17. Glossar 119

1. Immobilienfinanzierung ist wie das Lernen einer Fremdsprache

Stellen Sie sich folgende Situation vor:

Sie haben vielleicht noch keine Ahnung vom Thema Immobilienfinanzierung und kommen zu Ihrem Berater.

Die Quintessenz dieses Gespräches könnte man vielleicht wie folgt zusammenfassen:

Lieber Kunde, wunschgemäß werden wir für Sie ein Annuitätendarlehen mit 15 Jahren Zinsbindung und 30 Jahren Laufzeit beantragen. Sondertilgungs- und Tilgungs-satzänderungswünsche werden wir berücksichtigen, das können Sie auch dem beigefügten ESIS entnehmen. Sowohl dem ESIS, als auch dem Kreditvertrag können Sie dann auch entnehmen, welches Ihr Soll- und welches Ihr Effektivzins ist. Gemäß Im mobiliardarlehensvermittlungsverordnung erhalten Sie selbstverständlich die vorvertraglichen Informationen und den Darlehensvermittlungsvertrag von mir ausgehändigt.

Aufgrund der Wohnimmobilienkreditrichtlinie reichen Sie uns bitte die aufgeführten Unterlagen ein. Zum Glück trat ja 2018 die ImmoKWPLV in Kraft, ansonsten wäre das mit Ihrer Finanzierung echt schwierig. Ach ja, ImmoKWPLV heißt Immobiliar-Kreditwürdigkeitsprüfungsleitlinien-Verordnung.

Eine Bauspar-Finanzierung kommt aufgrund des Beleihungsauslaufs für

Sie nicht in Frage. Wenn Sie Näheres zum Thema Immobilienbewertung wissen möchten, dann empfehle ich Ihnen die Beleihungswertermittlungsverordnung. Bitte nicht verwechseln mit der Immobilienwertermittlungsverordnung.

Nach Einreichung aller Unterlagen erhalten Sie dann irgendwann Ihren Kreditvertrag. Zusammen mit dem Kreditvertrag bekommen Sie dann auch die Grundschuldbestellungsurkunde gemeinsam mit der „dinglichen Zwangsvollstreckungsunterwerfungserklärung mit persönlicher Haftungsübernahme". Damit gehen Sie anschließend einfach zum Notar. Dieser regelt alles Weitere.

Nach dem Notartermin erfolgt dann die Auflassungsvormerkung. Die Auflassung selbst kann erst eingetragen werden, wenn Kaufpreis und Grunderwerbsteuer gezahlt worden sind.

Die Fälligkeitsmitteilung über den Kaufpreis erfolgt dann über den Notar. Also alles ganz einfach…

Ich möchte Sie gar nicht weiter mit Fachchinesisch quälen, doch so oder so ähnlich geht es manch einem Kunden, der sich erstmalig mit dem Thema Immobilienfinanzierung auseinandersetzt. Man wird mit vielen Begrifflichkeiten und sehr unterschiedlichen Wahrheiten zu den einzelnen Finanzierungsformen konfrontiert. Doch welche ist für Sie genau die richtige Finanzierungslösung? Wie funktioniert das überhaupt mit den unterschiedlichen Darlehen? Sollten Sie lieber auf den Soll- oder den Effektivzins schauen?

Dieses und mehr werden Sie in diesem Buch erfahren.

Eine kleine Weisheit am Rande:

Ob der Preis einer Immobilie günstig oder teuer ist, wird nicht nur durch den Kaufpreis, sondern auch durch die Wahl der Finanzierungslösung bestimmt. Nicht jede vermeintlich günstige Finanzierung ist wirklich so günstig, wie sie auf den ersten Blick erscheint und manch eine günstige Finanzierung passt in keiner Weise zu den Zielen, Plänen und zum Leben des Kunden.

Bevor es nun ans „Eingemachte" geht, erlauben Sie mir ein paar rechtliche Hinweise.

- Dieses Buch hat keinen Anspruch auf Vollständigkeit. Ich habe es geschrieben, um meinem Leser einen schnellen und verständlichen Einblick in das Thema der Immobilienfinanzierung zu geben. Alles, was ich für wichtig und richtig im Bereich der Immobilienfinanzierung erachte, ist nach bestem Wissen und Gewissen hier eingeflossen.

- Ich bin keine Rechtsanwältin – und selbst Rechtsanwälte streiten sich so manches Mal über bestimmte Themen und lassen es von einem Gericht klären. Für manche Dinge gibt es auch kein klares „Schwarz" oder „Weiß" in der Gesetzesformulierung. Man nennt solche Formulierungen auch „unbestimmte Rechtsbegriffe", d. h. sie stehen im Gesetz. Wie diese jedoch in dem einen oder anderen Fall ausgelegt werden, entscheiden im Zweifel die Gerichtsverfahren.
Bei jeglichen Rechtsfragen wenden Sie sich bitte an einen Rechtsanwalt.

- Ich bin keine Steuerberaterin und darf auch keine steuerliche Beratung durchführen. Dennoch gebe ich Ihnen ein paar Tipps, zum Beispiel im Bereich der Kapitalanlage-Immobilien. Um genaue Auskünfte und Informationen für Ihre eigene Situation zu bekommen, fragen Sie bitte Ihren Steuerberater.

- Gesetze, Finanzierungsmöglichkeiten, Banken-kriterien ändern sich immer mal wieder. Dieses Buch wurde Anfang 2020 ins Lektorat gegeben. Entsprechend ist der Rechts- und Wissensstand auch von Anfang 2020.

Und nun: Viel Spaß beim Lesen und viel Erfolg beim Finden der richtigen Immobilie und der richtigen Finanzierung.

2. Wie realistisch sind Berechnungen aus Online-Rechnern?

Die Antwort ist einfach: Leider sind Berechnungen aus Online-Rechnern alles, aber nicht realistisch.

Natürlich können Sie theoretisch die dargestellten Konditionen bekommen, wenn Sie genau den Kriterien des zu Grunde gelegten Kunden entsprechen.

Beispiel (Stand Anfang 2020):
Kaufpreis einer Immobilie: 500.000 Euro
Darlehenswunsch: 480.000 Euro, Rest inklusive Kaufnebenkosten werden mit Eigengeld bezahlt.

Bei zehn Jahren Zinsbindung erhalten Sie Angebote mit einer monatlichen Rate von 1.250 Euro bis 1.300 Euro (Berechnungsgrundlage: ca. 1,2 % Zins und 2 % Tilgung. Warum schreibe ich „ca."? Es dient der Vereinfachung, ansonsten wären die Zahlen ausgesprochen ungerade und ich müsste mathematisch korrekt auch die Stellen nach dem Komma angeben. Mein Ziel ist jedoch, Ihnen ein paar Dinge zu verdeutlichen und dabei kommt es nicht auf die ganz genauen Zahlen an).

Die Gesamtlaufzeit würde bei dieser Konstellation ca. 40 Jahre betragen.

Klingt erst einmal verlockend!

Je nach Region können Sie sich für 500.000 Euro eine entsprechend tolle Immobilie leisten, die Sie im Vergleich dazu niemals mit 1.250 Euro bis 1.300 Euro Kaltmiete mieten könnten.

Diese Berechnung hat jedoch mehrere Haken.

Erstens:
Die Restschuld nach zehn Jahren würde in diesem Fall ca. 378.000 Euro betragen.

Einmal angenommen, das Zinsniveau würde um nur einen einzigen Prozentpunkt steigen und Sie müssten nach Ablauf von zehn Jahren Ihr Darlehen mit einem Zins von 2,2 % verlängern. Und mal angenommen, Sie wollen weiterhin nach insgesamt 40 Jahren mit dem Darlehen fertig sein, dann müssten Sie 1.435 Euro im Monat bezahlen, obwohl die Restschuld „nur noch" bei 378.000 Euro liegt. Ich möchte Sie nicht mit vielen Zahlen langweilen, aber mit Zinsbindungen von 15 Jahren sieht es nicht viel besser aus.

Für alle Zahleninteressierten hier noch einmal das gleiche Zahlenbeispiel mit 15 Jahren Zinsbindung:

Zu finanzierende Summe: 480.000 Euro.
Zinssatz bei 15 Jahren Zinsbindung laut Onlinerechner: 1,5 %.
Tilgungssatz: 2 %.
Rate: 1.400 Euro.
Restschuld nach 15 Jahren: ca. 320.000 Euro.
Kalkulierte Gesamtlaufzeit: ca. 37 Jahre.

Nach 15 Jahren liegt das Zinsniveau bei 2,5 % und Sie möchten weiterhin nach insgesamt 38 Jahren die Finanzierung zurückgezahlt haben.

Wie hoch wäre die Rate nach Ablauf von zehn Jahren?
Sie läge dann bei 1.530 Euro.

Kleiner Hinweis am Rande:

Aufgrund des niedrigen Zinsniveaus sind Banken aus gutem Grund dazu übergegangen, eine anfängliche Mindesttilgung von 2 % zu verlangen.

Früher war die klassische Finanzierung zehn Jahre fest, 1 % anfängliche Tilgung.

Seinerzeit war das Zinsniveau jedoch sehr viel höher, so dass die Darlehen dennoch nach 30 bis 40 Jahren zurückgezahlt waren.

Würden Sie im heutigen Zinsniveau mit einer anfänglichen Tilgung von einem Prozent anfangen, dann hätten Sie eine Gesamtlaufzeit von 65 bis 72 Jahren (je nach Zinssatz).

Warum ich von anfänglicher Tilgung spreche und warum Sie bei einem höheren Zinsniveau mit gleicher anfänglicher Tilgung das Darlehen viel schneller tilgen, das erfahren Sie im Kapitel über das Annuitätendarlehen.

Zweitens:
Die finanzierende Bank macht eine sogenannte Bonitätsprüfung. Dabei werden Ihre Einnahmen und Ausgaben angeschaut und auch das Verhältnis Ihrer Vermögenswerte zu den Verbindlichkeiten.

Der Zinssatz, den Sie über einen Online-Rechner bekommen, ist auf Basis eines bestimmten Musterkunden kalkuliert, also zum Beispiel einem Kunden mit einem hohen, sicheren Einkommen, vorhandenen Vermögenswerten und nach Möglichkeit keinen weiteren Krediten.

Wenn Sie beispielsweise dann ein Angebot dieses Darlehensgebers anfordern, könnte es sein, dass Sie aus dem „Raster" herausfallen, weil Sie beispielsweise einen Ratenkredit laufen haben oder weil Ihre Einkünfte nicht hoch
genug sind. Im schlechtesten Fall bekommen Sie eine komplette Ablehnung, im besten Fall nur einen Zinsaufschlag.

Drittens:
Wie viel Eigengeld können Sie einbringen? Es scheint auf den ersten Blick sehr einfach. Sie geben im Feld Kaufpreis den entsprechenden Wert an und im Feld Eigenkapital ebenso. Dann bekommen Sie einen Zinssatz vom System ausgeworfen.

Dieser Zinssatz ist jedoch nicht wirklich der richtige. Spätestens bei der Kreditprüfung könnte es sein, dass die Bank einen anderen Wert ermittelt, der weit unter dem tatsächlichen Kaufpreis liegen kann.

Hierzu erfahren Sie mehr im Kapitel 5.1.

Viertens:
Nicht jedes Objekt wird von jeder Bank finanziert. Sie bekommen von dem Online-Rechner vielleicht ein super Angebot. Doch leider gilt dieses Angebot nicht für bestimmte Objekte, zum Beispiel Holzhäuser oder vielleicht für Eigentumswohnungen in einem großen Block. Auch ältere Immobilien und Resthöfe sind teilweise schwer finanzierbar.

Hierzu erfahren Sie mehr in Kapitel 11.

Fünftens:
Welche Sonderwünsche haben Sie? Bestimmte Sondertilgungsoptionen oder der Wunsch nach der Möglichkeit einer Ratenveränderung kosten häufig Geld (in Form eines höheren Zinssatzes). Wie hoch soll die Tilgung sein? Manche Banken haben einen Zinsaufschlag für einen hohen Tilgungssatz, andere haben wiederum einen Zinsaufschlag, wenn zu wenig getilgt wird. Eine Regel dafür kann hier nicht genannt werden,

denn das obliegt der Kalkulation der Bank.
Warum Online-Rechner meistens unrealistische Konditionen berechnen, das erläutere ich meinen Kunden gerne in Form eines Trichters:

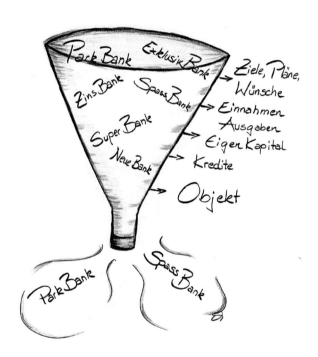

Stellen Sie sich einen Trichter vor. Oben kommen alle Banken rein. Zwischendrin sind verschiedene Stufen, die eine Bank durchläuft.
Welche Bank unten aus dem Trichter herauskommt, hängt also von den ganz individuellen Faktoren ab. Mit Glück ist es tatsächlich die Bank, welche die günstigsten Konditionen im Online-Rechner angeboten hat. In den meisten Fällen kommt jedoch ein anderes Kreditinstitut dabei heraus.
Grundsätzlich ist zu sagen:
Je schlechter die Bonität aus Sicht der Bank ist, je weniger Eigengeld eingebracht wird, je mehr Wünsche an die
Finanzierung bestehen und je schwieriger das Objekt aus Sicht der Bank ist, umso weniger Banken kommen unten raus.

3. Die richtige Immobilie finden

Eine der wichtigsten Fragen zu Beginn ist, ob eine Immobilie zur Eigennutzung oder zur Vermietung (also als Kapitalanlage) gekauft wird. Sowohl bei der Wahl der Immobilie, als auch bei der Wahl der Finanzierung gibt es unterschiedliche Faktoren zu berücksichtigen, abhängig davon, ob eine Immobilie vermietet oder selbstgenutzt werden soll.
An die eigengenutzte Immobilie stellen die meisten Käufer ganz andere Ansprüche an die Ausstattung, Lage etc., als bei einer Vermietung.
Des Weiteren gibt es verschiedene Zuschüsse (zum Beispiel Baukindergeld oder die Riesterförderung), sowie geförderte Darlehen (zum Beispiel das KFW-Wohneigentumsprogramm) im Bereich der selbstgenutzten Immobilie.
Bei der Vermietung wiederum sollte die Frage gestellt werden, inwieweit steuerliche Themen eine Rolle spielen und das Dar-lehen entsprechend gestaltet wird.
Hierzu mehr im Kapitel 9.

3.1 Die selbstgenutzte Immobilie

Der Kauf einer selbstgenutzten Immobilie stellt für viele Menschen die größte finanzielle Investition ihres Lebens dar.
Leider ist so manch eine Traumimmobilie für den einen oder anderen auch schon zum Albtraum geworden. Insbesondere dann, wenn man sich finanziell überfordert und vor lauter Geldsorgen nicht mehr in den Schlaf kommt.

Ich möchte Ihnen gleich zu Beginn dieses Kapitels einen Rat als Coach mit auf den Weg geben:
Unser Leben ist manchmal kunterbunt und nicht alles lässt sich planen. Bitte denken Sie immer daran: Es ist NUR eine Immobilie. Sie kann auch wieder verkauft werden, wenn sich Ihre finanzielle oder private Situation einmal ändern sollte. Warum schreibe ich es an dieser Stelle?

Ich habe leider in 25 Jahren meiner eigenen Beratungstätigkeit Beziehungen und Familien in die Brüche gehen sehen, weil die Geldsorgen zu groß waren.
Und ich habe Menschen erlebt, die ihre wahren Träume nicht gelebt haben, weil sie hohe Darlehensbelastungen durch die Immobilie hatten

und ihr Herz zu sehr an diese Immobilie gehängt haben.
Eine der skurrilsten Geschichten war, dass eine Kundin von mir ihrem Herzensprojekt nicht gefolgt ist, weil sie die finanzielle Belastung aus ihrer Eigentumswohnung hatte. Als ich sie fragte, warum sie die Wohnung nicht einfach verkauft, antwortete sie:
„Das kann ich nicht! Die Wohnung ist toll und ich habe vor allem genau die Küche, von der ich immer geträumt habe. Das ist meine absolute Traumküche. "
Meine entsetzte Frage daraufhin: „Sie wollen mir jetzt nicht erzählen, dass Sie wegen einer Küche nicht Ihrem Herzenswunsch folgen?"
Das ist nun schon einige Zeit her. Die Dame wohnt nach wie vor in dieser Wohnung. Ihr Herzensprojekt liegt bis heute auf Eis.
Als außenstehende Person schüttelt man vielleicht den Kopf, doch solche und ähnliche Geschichten gibt es viel häufiger, als man sich vorstellen kann.
Eine Immobilie kann einen emotional ganz schön binden.
Deswegen meine große Bitte: Denken Sie immer daran, im Grunde genommen sind es nur Steine.

Überlegungen bei einer selbstgenutzten Immobilie:

- Möchte ich bauen oder eine fertige Immobilie kaufen? Beim Bau kann ich mir viele Ausstattungsmerkmale selbst aussuchen. Allerdings muss eine Zeit der Doppelbelastung kalkuliert werden (denn Sie wohnen zum Beispiel während der Bauzeit noch zur Miete und müssen neben der Miete schon Darlehenszinsen bezahlen).

- Soll es ein Haus, Reihenhaus, eine Doppelhaushälfte oder Wohnung sein?
  Bei einer Eigentumswohnung sollten Sie unbedingt in die Protokolle der letzten zwei bis drei Eigentümerversammlungen schauen. Ist

es eine Eigentümergemeinschaft, die sich relativ einig ist oder gibt es Streitereien? Stehen größere Sanierungsmaßnahmen an? Wie hoch ist die Instandhaltungsrücklage? Wie hoch ist das monatliche Wohngeld (Umlage zur Deckung der Gemeinschaftskosten und für die Instandhaltungsrücklage)?

- Wenn es eine Bestandsimmobilie ist, wie alt ist diese Immobilie? Wann muss ich mit eventuellen Renovierungs- oder Sanierungsarbeiten rechnen? Woher kommt das Geld für eventuelle Renovierungen und Sanierungen? Wenn möglich, gehen Sie einmal mit einem Fachmann (zum Beispiel mit einem Gutachter) durch die Immobilie. An diesen Kosten zu sparen ist oft falscher Geiz, vor allem, wenn es versteckte Mängel geben sollte.
- Ausstattung: Manch einer möchte gleich beim Kauf alles neu machen, neue Badezimmer, neue Küche, Außenjalousien etc.
  Das ist durchaus nachvollziehbar, sprengt aber so manches Mal das Budget.
  Stellen Sie sich daher bitte immer die Frage: Muss die Investition jetzt schon sein? Oder warten Sie mit der Investition so lange, bis Sie es vielleicht sogar mit Eigengeld bezahlen können?
- Lage der Immobilie: Die Entscheidung für eine selbstgenutzte Immobilie ist in der Regel eine langfristige. Deswegen überlegen Sie sich genau, wo Sie langfristig wohnen möchten.
- Kann die Immobilie eventuell gut vermietet oder wieder verkauft werden, wenn sich Ihre Lebenssituation ändert?

3.2 Die vermietete Immobilie

Der Kauf einer vermieteten Immobilie ist normalerweise sehr viel weniger emotional, als der Kauf einer eigengenutzten Immobilie. Viele Punkte, die im vorherigen Kapitel aufgeführt worden sind, gelten analog natürlich auch für die vermietete Immobilie (Alter und Zustand der Immobilie, eventuell anstehende Modernisierungs- oder Sanierungsmaßnahmen, bei Eigentumswohnungen der Stand der Instandhaltungsrücklage und die Höhe der laufenden Kosten etc.). Es kommen jedoch noch andere Punkte mit hinzu:

- Spielen steuerliche Gründe eine Rolle (zum Beispiel Kauf in Sanierungsgebieten)?
- In welcher Lage kaufen Sie? Gute Lage bedeutet gleichzeitig einen höheren Kaufpreis und eine geringere Mietrendite, dafür aber wahrscheinlich auch eine gute Vermietbarkeit und Wertstabilität. Kaufen Sie in günstigeren Lagen (vom Kaufpreis her), haben Sie eine größere Chance auf Wertsteigerung und auf eine höhere Mietrendite (im Verhältnis zum Kaufpreis). Sie haben aber auch ein größeres Risiko, insbesondere, wenn sich an der wirtschaftlichen oder politischen bzw. an der aktuellen Zinssituation etwas ändert. Es ist wie im Bereich der Geldanlage: Höhere Renditen werden mit höheren Risiken bezahlt. Denken Sie immer daran: Es gibt Gründe, warum der Kaufpreis niedriger und die Mietrendite höher ist.
- Wie gut lässt sich die Wohnung vermieten? Welche Klientel wird voraussichtlich in die Wohnung einziehen (sozial schwächer oder sozial stärker)? Denken Sie bei Ihrer Gesamtkalkulation bitte immer daran, dass Mieten auch mal ausfallen können. Warum ich das schreibe, erfahren Sie im Kapitel 16 – meine persönliche Geschichte mit Immobilien. Denn leider bin ich in meinem Leben einmal in die Insolvenz gegangen, Dank Messies und Mietnomaden.
- Ein persönlicher Tipp: Fragen Sie sich immer: Würde ich in diese Wohnung/ Immobilie auch einziehen wollen, wenn ich eine Mietwohnung in dieser Preisklasse suchen würde? Manch ein Immobilienmakler wird Ihnen hier sagen, diese Frage sei Blödsinn, denn Sie selbst müssen ja nicht in dieser Wohnung wohnen. Ich finde die Frage jedoch ausgesprochen wichtig, denn welche Art Mieter möchten Sie in Ihrem Leben haben? Wenn Ihnen die Wohnung bzw. die Immobilie selbst gut gefällt, dann werden Sie auch entsprechende Mieter in diese Wohnung bekommen.

4. Den richtigen Finanzierungsberater finden

Zu wem soll ich gehen? Wer ist der richtige Ansprechpartner für meine Immobilie? Ist es die Hausbank? Ist es eine Bausparkasse? Sollte ich zu einem freien Finanzierungsberater gehen oder es vielleicht online machen?

Wenn Sie diese Frage im Bekanntenkreis stellen, werden Sie wahrscheinlich bei fünf Personen zehn Antworten erhalten... oder so ähnlich. Vielleicht hören Sie auch sowas wie: „Geh mal zu dem oder dem! Der hat meine Finanzierung gemacht und das war richtig super." Doch wenn Sie fünf solcher Tipps bekommen, dann wird es auch wieder schwierig.

Aus diesem Grunde ist es unglaublich wichtig, sich im Vorfeld Gedanken darüber zu machen, wie die Finanzierung aussehen soll. Was ist Ihnen wichtig? Darauf werden wir im folgenden Kapitel näher eingehen.

Einen guten Finanzierungsberater erkennen Sie unter anderem daran, dass er Ihnen viele Fragen stellt und erst einmal neutral allen Produkten gegenüber steht.

Sobald ein Finanzierungsberater sofort in ein Produkt einsteigt (Bausparen, Annuitätendarlehen etc.), sollten die Alarmglocken klingeln. Eine Produktempfehlung sollte erst erfolgen, wenn verschiedene Fragen gestellt worden sind (und deswegen ist die Vorbereitung auf das Gespräch so wichtig, damit Sie schon im Vorfeld wissen, worauf es Ihnen persönlich ankommt). Viele Menschen kommen in ein Finanzierungsberatungsgespräch und haben als einzige Vorstellung: Ich möchte den günstigsten Zins haben. Das ist fatal! Es gibt noch viel mehr zu berücksichtigen, als nur den reinen Zins.

Zunächst einmal das Wichtigste: Sie sollten sich nicht nur fachlich kompetent, sondern optimaler Weise auch menschlich gut aufgehoben fühlen. Faktor Mensch spielt eine große Rolle bei diesem Thema, denn es ist oft auch mit Emotionen verbunden. Manchmal entsteht Stress: Der Makler macht vielleicht Druck, weil es einen anderen Kaufinteressenten gibt und möchte Sie endlich zum Notar „schleppen", gleichzeitig haben Sie vielleicht noch keine endgültige Finanzierungszusage von der Bank bekommen. Was passiert denn nun, wenn der Notarvertrag unterschrieben ist und Sie vielleicht eine Ablehnung von Seiten der Bank bekommen?

Oder der Zahlungstermin rückt immer näher und die Bank kann aus verschiedenen Gründen das Darlehen noch nicht auszahlen? Was passiert, wenn Sie nicht rechtzeitig bezahlen oder die geforderten Voraussetzungen für die Auszahlung des Darlehens nicht erfüllt werden können?

Glauben Sie mir, das ist emotionaler Stress - meistens für beide Seiten. Zu meiner aktiven Zeit als Finanzierungsberaterin haben mich solche Situationen durchaus auch in Stress versetzt. Auf der einen Seite der Kunde, der logischerweise Druck macht, weil er Angst davor hat, dass es schief gehen könnte. Auf der anderen Seite die Bank oder der Finanzierungspartner mit seinen Richtlinien und seinen Vorgaben. Dann bekommen Sie keine Antworten, weil der zuständige Sachbearbeiter krank oder im Urlaub ist und sich jemand anderes erst einmal einlesen muss oder es wird eine Unterlage angefordert, die in dieser Form nicht lieferbar ist. Solche und ähnliche „Katastrophen" stehen durchaus das eine oder andere Mal an der Tagesordnung. Als Finanzierungsvermittler wissen Sie genau: Man sollte den Kreditprüfer nicht zu sehr nerven - gerade, wenn eine Finanzierung „auf Kipp" steht und auf der anderen Seite ist der Kunde, der natürlich genau den Wunsch hat: endlich Informationen zu bekommen.
Aus dem Grund ist der Faktor Mensch ausgesprochen wichtig.

So manches Mal habe ich Kunden erstaunt, wenn ich Folgendes gesagt habe:
Vertrauen Sie auf Ihr Bauchgefühl!

Erläuterung:
Wenn Kunden mich gefragt haben, warum sie denn bei mir abschließen sollten und warum sie mir glauben sollten, dass ich ihnen das Richtige anbiete, war meine Antwort:

Das können Sie erstmal nicht. Vertrauen Sie auf Ihr Gefühl. Die richtige Finanzierungslösung auf Grundlage der Vorgaben zu finden ist das eine. Auf der anderen Seite kommt auch beim Berater der Faktor Mensch dazu und natürlich die Tatsache, dass Finanzierungsberater von den Provisionen oder den Beratungshonoraren leben müssen.

Manch ein Berater verkauft jedoch nur Produkte.

Manchmal bin ich noch weiter gegangen und habe gesagt:
Nennen Sie mir zwei unterschiedliche Produkte und sagen Sie mir, welches ich Ihnen verkaufen soll. Ein fachlich fitter Finanzierungsberater kann genau die Vorteile des einen Produktes darstellen, die Ihnen gefallen werden und von dem jeweils anderen Produkt die Nachteile. Glauben Sie mir: Jedes Finanzprodukt hat seine Vor- und Nachteile und nicht jedes Produkt ist für jeden geeignet. Deswegen: Vertrauen Sie Ihrem Bauchgefühl.

Unabhängig davon möchte ich Ihnen im Folgenden einen Überblick über die verschiedenen Berater-Möglichkeiten geben:

Art des Beraters	Erläuterung	Mögliche Vorteile	Mögliche Nachteile	Provision oder Honorar?
Bankberater	Finanzierungsberater bei einer Bank. In der Regel werden nur hauseigene Produkte angeboten.	Individuelle Absprachen sind möglich. Man hat auch während der Auszahlungsphase und danach immer einen kompetenten Ansprechpartner. Alle Themen, auch Probleme können direkt mit den verantwortlichen Personen besprochen werden.	Es werden oft nur hauseigene Produkte angeboten. Durch die Einschränkung in den Produkten und Möglichkeiten ist es nicht immer die optimalste Finanzierungs-lösung für einen Kunden.	Banken erhalten Provisionen von eventuellen Produktpartnern. Dem Berater selbst werden intern Provisionen für seine Zielerreichung zugeschlüsselt.

Gebundener Finanzierungsvermittler	Hat mehrere Finanzierungspartner zur Auswahl. Kann darüber hinaus aber keine weiteren Kreditinstitute anbieten.	Kennt die Produkte seiner Partner sehr gut und hat wahrscheinlich einen guten Überblick über alle ihm zur Verfügung stehenden Möglichkeiten.	Kann nur Produkte im Rahmen seiner Produktpartner anbieten.	Arbeitet in der Regel auf Provisionsbasis, d. h. keine Kosten für den Kunden. Manchmal wird auf Honorarbasis gearbeitet.
Freier Finanzierungsvermittler	Kann theoretisch über eine Vielzahl von Finanzierungsmöglichkeiten verfügen. Häufig werden Angebote im Rahmen eines sogenannten Pools angeboten (ein Programm, über das diverseKreditgeber angefragt werden können). Optimaler Weise bestehen auch Kontakte zu Filialbanken.	Größtmögliche Auswahl und Flexibilität. Großartig, wenn der Vermittler über ausreichend Fachwissen verfügt. Besonders gut ist es, wenn der Vermittler nicht nur über einen Pool arbeitet, sondern auch Direktanbindungen zu Kreditgebern hat.	Oft kein direkter Kontakt zum Kreditentscheider. Meist gibt es eine „Zwischeninstanz", welche den Kontakt zum Entscheider in der Bank hat. Individuallösungen sind in der Regel nur im Rahmen der vorgegebenen Möglichkeiten machbar.	Provisionsbasis und/oder Honorar. Manchmal ein Mix. Manchmal ist eine Honorarbasis für den Kunden die sinnvollere Variante, da die Finanzierungskonditionen dadurch eventuell günstiger werden.
Vermittler bei einer Bausparkasse	Es können meist nur hauseigene Produkte angeboten werden.	Gute Kenntnis seiner Produkte.	Kunde bekommt i. d. R. keine Alternativlösungen zum Thema Bausparen.	Arbeitet normalerweise auf Provisions-basis.
Vermittler bei einer Versicherung	Frage: Arbeitet er nur mit seiner Versicherung als Produktgeber oder kann er auch andere Kreditgeber vermitteln?	Siehe Vermittler einer Bausparkasse oder gebundener Vermittler (je nachdem, welche Produkte er anbieten kann).	Siehe Vermittler einer Bauspar-kasse oder gebundener Vermittler (je nachdem, welche Produkte er anbieten kann).	Arbeitet normalerweise auf Provisions-basis.
Online-Anbieter	Kein persönlicher Kontakt, alles läuft über Telefon und Internet.	Hat häufig eine Vielzahl an Finanzierungsmöglichkeiten und günstige Konditionen.	Oft keine individuelle Beratung, sondern Standardlösungen. Kein persönlicher Kontakt. Bei Problemen schwerer greifbar.	Arbeitet normalerweise auf Provisions-basis, selten Honorar.

5. Die richtige Finanzierung finden

Wie sieht denn nun die perfekte Finanzierungslösung aus? Was gilt es zu beachten?
Sollte man den Soll- oder den Effektivzins vergleichen? Ist die günstigste Finanzierung auch gleichzeitig die beste?

Auf all diese Fragen gibt eine klare Antwort: Es kommt drauf an...
Und zwar auf Ihre persönlichen Vorstellungen, Wünsche und Ziele, sowie auf Ihre persönliche Lebenssituation. Die perfekte Finanzierung für den einen, ist eine wenig sinnvolle Finanzierung für den anderen.

Jeder Kunde ist individuell. Jeder hat seine eigenen Vorstellungen. So ist dem einen Sicherheit wichtig, dem anderen Flexibilität. Der eine wünscht ein Darlehen mit Zins und Tilgung, der andere eine Finanzierung über einen Bausparvertrag. Doch sortieren wir das Ganze einmal:

In meinen Beratungsgesprächen mit Kunden habe ich oft folgende (typische) Wünsche gehört:

- Ich möchte einen möglichst günstigen Zins haben
- Die monatliche Rate soll möglichst niedrig sein
- Ich möchte möglichst wenig Eigengeld einsetzen
- Die Flexibilität soll groß sein (zum Beispiel durch Sondertilgungen)
- Das Darlehen soll eine möglichst lange Zinsbindung haben
- Ich möchte bis zur Rente auf jeden Fall alles bezahlt haben

So oder so ähnlich klingt es dann häufig. Doch viele Wünsche schließen einander aus.

Ich stelle es anhand des magischen Sechsecks dar:

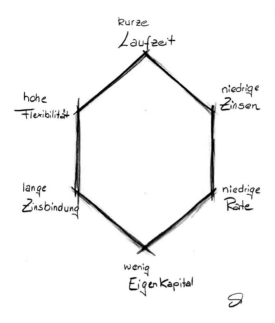

Einige Wünsche schließen sich gegenseitig aus, deswegen sind die Bezeichnungen an diesem Sechseck bewusst unkonkret gehalten, denn die Frage ist ja: „Was bedeuten niedrige Zinsen, wenig Eigengeld, niedrige Rate etc.?" Das kommt drauf an… Doch worauf, das erfahren Sie weiter unten im Text.

Die meisten Kunden haben zunächst einmal den Wunsch, einen möglichst niedrigen Zins zu erhalten und dieser Wunsch ist auch absolut nachvollziehbar. Die Ernüchterung kommt oft schnell, wenn ihre individuellen Wünsche hinzukommen.

Damit jedoch die folgenden Beispiele für Sie nachvollziehbarer werden, möchte ich Ihnen zunächst vier wichtige Begriffe im Bereich der Baufinanzierung nahebringen

5.1 Wichtige Begriffe in der Immobilienfinanzierung

Wenn Sie anfangen, sich mit dem Thema Finanzierung zu beschäftigen, werden Ihnen die folgenden vier Begriffe begegnen. Diese zu kennen und zu verstehen, hilft Finanzierungsangebote und deren Zinskonstellationen besser verstehen zu können und auch um zu verstehen, warum die

Finanzierung bei der einen Bank funktioniert und bei der anderen Bank nicht.

Achtung: Ich nutze verständliche Formulierungen und Begriffe. Wenn Sie die genauen Definitionen haben möchten, finden Sie diese in verschiedenen Gesetzen, z. B. in der Beleihungswertermittlungsverrordnung, im Baugesetzbuch und der Immobilienwertermittlungsverordnung.

- Der Verkehrswert
- Der Beleihungswert und
- Der Beleihungsauslauf
- Die Beleihungsgrenze

Was ist der Verkehrswert?

Bei dem Verkehrswert handelt es sich um den aktuellen Marktwert einer Immobilie.

Das kann der tatsächlich gezahlte Kaufpreis sein oder es kann der Wert sein, den ein Gutachter nach einem Verkehrswertgutachten ermittelt hat.

Der Verkehrswert ist immer stichtagsbezogen und hängt von den aktuellen Marktgegebenheiten ab. Er stellt also den realistischen, aktuellen (möglichen oder tatsächlichen) Kaufpreis dar.

Für einen Käufer ist es der entscheidende Wert.

Die Banken rechnen jedoch mit einem anderen Wert, den sogenannten Beleihungswert.

Was ist der Beleihungswert?

Der Beleihungswert ist der Wert einer Immobilie aus Sicht der Bank. Im Gegensatz zu dem Verkehrswert stellt er nicht den tagesaktuellen Marktwert, sondern den nachhaltig erzielbaren Wiederverkaufswert dar. Die Bank muss hier nach bestimmten Vorgaben sehr vorsichtig kalkulieren.

Der Beleihungswert darf niemals höher sein als der tatsächlich gezahlte Kaufpreis oder der ermittelte Verkehrswert.

Für die Wertermittlung von Immobilien (unabhängig davon, ob es sich um eine Verkehrswertermittlung oder eine Beleihungswertermittlung handelt) gibt es drei anerkannte Verfahren:

1. Das Sachwertverfahren:
   Beim Sachwertverfahren wird der (Bau-) Wert des Gebäudes aufgrund von aktuellen Baukosten und Ausstattungsmerkmalen berechnet. Hinzu kommt der Wert des Grund und Bodens. Ich sage in der Kurzform gerne: Der Sachwert stellt den Wert des Grundstücks und der Steine dar, die darauf verbaut sind.

2. Das Ertragswertverfahren:
   Hier werden zur Wertermittlung ausschließlich (die tatsächlichen oder möglichen) Mieten zu Grunde gelegt. Je höher also die Mieteinnahme ist, desto höher ist der Wert des Gebäudes. Auch bei diesem Verfahren kommt noch der Wert des Grundstücks hinzu.

3. Das Vergleichswertverfahren:
   Dieses Verfahren macht genau das, was aus dem Namen hervorgeht: Es vergleicht! Und zwar die (angebotenen oder erzielten) Kaufpreise von anderen (ähnlichen) Immobilien in der gleichen Region. Angewendet wird es häufig bei Eigentumswohnungen (die alle ähnlich sind), Reihenhäusern, Siedlungshäusern und bei Grundstücken. Wichtig hierbei ist, dass die Immobilien wirklich vergleichbar sind.

Was ist der Beleihungsauslauf?
Der Beleihungsauslauf sagt aus, wie viel Prozent vom Beleihungswert finanziert werden müssen. Beispiel: Kaufpreis 500.000 Euro, zu finanzierende Summe 400.000 Euro. Dann beträgt der Beleihungsauslauf 80 % (Berechnung: 400.000 / 500.000 x 100 = 80).
Vom Beleihungsauslauf hängt zum einen der Zinssatz ab und zum anderen, ob eine Finanzierung bei einem Kreditinstitut darstellbar ist oder nicht (manche Kreditinstitute machen beispielsweise nur Finanzierungen bis zu einem bestimmten Beleihungsauslauf).

> *Was ist die Beleihungsgrenze?*
> *Es gibt die sogenannten Beleihungsgrenzen, ausgehend vom Beleihungswert.*
> *Typische Beleihungsgrenzen liegen bei 60 %, 80 % und 100 % vom Beleihungswert. Die Beleihungsgrenzen sind relevant dafür, welchen Zinssatz ein Darlehensnehmer zu zahlen hat. So ist eine Finanzierung mit einem Beleihungsauslauf von 79 % günstiger, als eine mit 81 % Auslauf. Man könnte die Beleihungsgrenzen auch als Zinsgrenzen bezeichnen. Bei einigen Kreditinstituten gibt es auch noch Zinsgrenzen bei 70 % und 90 %.*
> *Viele Kreditinstitute haben eine Obergrenze, bis zu wie viel Prozent des Beleihungswertes sie finanzieren. So kann man beispielsweise bei einigen Kreditinstituten nur Darlehen bis zu 60 % oder 80 % des Beleihungswertes bekommen, andere finanzieren 100 % oder sogar darüber hinaus (das kommt beispielsweise dann vor, wenn Kaufnebenkosten mitfinanziert werden müssen oder der Verkehrswert weit über dem Beleihungswert liegt).*
> *Der Rest muss dann aus Eigengeld finanziert werden.*

Warum ist das Ganze wichtig?

Einfache Antwort: Um die Sprache des Kreditberaters zu verstehen.

Des Weiteren ist es sinnvoll zu wissen, wie das mit den Zinssätzen funktioniert und warum die meisten Lockangebote nicht funktionieren. Als Drittes zeigt es Kompetenz, wenn Sie Ihren Finanzierungsberater fragen: Wie hoch ist denn der Beleihungsauslauf und wie viel Eigengeld muss ich noch investieren, um den nächst besseren Zinssatz zu bekommen?

Typische Beispiele für Missverständnisse:

Ein Kunde erwirbt eine Immobilie in Schleswig-Holstein zu einem Kaufpreis von 400.000 Euro. Laut Verkehrswertgutachten ist sie 500.000 Euro wert. Die Bank berechnet ihrerseits den Beleihungswert. Das kann entweder durch eine tatsächliche Wertermittlung erfolgen oder aber durch einen pauschalen Abschlag. Viele Banken setzen als Beleihungswert den Kaufpreis abzüglich 10 % an.

Somit haben wir als Grundlage nun folgende Werte:

Wert gemäß Verkehrswertgutachten: 500.000 Euro.
Tatsächlicher Kaufpreis (zum Beispiel, weil es eine Zwangsversteigerung oder ein Notverkauf war oder aufgrund irgendwelcher anderer Umstände): 400.000 Euro. Beleihungswert (Wert aus Sicht der Bank): 360.000 Euro.

Zum Kaufpreis kommen noch einige Nebenkosten hinzu

(Näheres hierzu in Kapitel 9).

Die Kauf-Nebenkosten werden auf den tatsächlich gezahlten Kaufpreis fällig.

In unserem Beispiel kommen noch folgende Kauf-Nebenkosten hinzu:

Grunderwerbsteuer
(Schleswig-Holstein = 6,5 % auf 400.000 Euro): 26.000 Euro.

Notar- und Gerichtskosten
(kalkuliert mit 2 % auf 400.000 Euro): 8.000 Euro.

Maklerkosten fallen keine an.

Investitionssumme
(Kaufpreis zzgl. Nebenkosten): 434.000 Euro

Unser Beispielkunde möchte die Nebenkosten, also
34.000 Euro aus Eigenkapital zahlen.

Er braucht also ein Darlehen von 400.000 Euro.

Wenn unser Beispielkunde noch nie etwas vom Beleihungswert gehört hat, könnte seine Sicht der Dinge wie folgt sein (und ich bin mit genau diesen Betrachtungsweisen in meiner Beratungspraxis regelmäßig konfrontiert worden).

<u>Variante 1:</u>
„Wenn ich ein Objekt mit einem Wert von 500.000 Euro kaufe und nur 400.000 Euro an Darlehen brauche, dann habe ich doch automatisch

schon eine 80 %-Finanzierung und somit einen guten Zins!" (Berechnung 500.000 / 400.000 x 100) Diese Betrachtung ist aus Sicht der Bank leider komplett falsch, weil als Beleihungswert niemals mehr, als der tatsächlich gezahlte Kaufpreis angesetzt werden darf.

Variante 2:

„Ich zahle 400.000 Euro Kaufpreis und finanziere diese Summe auch. Damit komme ich auf eine 100 %-Finanzierung!"

Bei der einen oder anderen Bank funktioniert das so, vorausgesetzt die Bank setzt den Kaufpreis als Beleihungswert an.

Bei vielen Banken sieht die Praxis jedoch anders aus.

Unsere Beispielbank hat den Beleihungswert bei 360.000 Euro angesetzt. Unser Kunde möchte 400.000 Euro finanzieren. Das bedeutet, er muss mehr als 100 % vom Objektwert (aus Sicht der Bank) finanzieren. Der Beleihungsauslauf liegt in diesem Fall bei 111,11 % (Berechnung: 400.000 / 360.000 x 100).

Wenn diese Bank nun nur bis 100 % des Beleihungswertes finanziert, braucht der Kunde entweder 40.000 Euro mehr Eigengeld oder er muss ein sogenanntes „Nachrang-Darlehen" abschließen *(hierzu mehr in Kapitel 7).*

Dieses kleine Zahlenbeispiel zeigt noch einmal auf, wie unrealistisch häufig die Berechnungen aus den Online-Rechnern sind.

5.2 Welche Fragen sollten gestellt werden, um die richtige Finanzierung zu finden?

Um das zu beantworten, kommen wir zurück zum magischen Sechseck. Natürlich wünscht sich irgendwie jeder, der eine Immobilie finanzieren möchte, möglichst niedrige Zinsen. Doch die tatsächliche Höhe der Zinsen hängt maßgeblich von den sonstigen Wünschen ab.

Schauen wir uns die einzelnen Punkte im magischen Sechseck mal etwas genauer an:

Den niedrigsten Finanzierungszins bekommt man aktuell (Stand Anfang 2020), wenn man eine 10-jährige Zinsbindung vereinbart, möglichst 50 % Eigengeld einbringt und keine Sondertilgung oder Tilgungssatzänderung wünscht (Tilgungssatz = Rückzahlungssatz).

Folgende Wünsche verändern den Zins:

- Sie wünschen Sondertilgungsmöglichkeiten (bei einigen Banken sind bis zu 5 % Sondertilgungsoption kostenfrei dabei, bei anderen gibt es dafür einen Zinsaufschlag. 10 % Sondertilgung bieten nur wenige Kreditinstitute an. Für die Höhe des Zinssatzes bedeutet das entweder einen Zins-Zuschlag oder Sie müssen eine andere, vielleicht teurere Bank auswählen, die Ihnen 10 % Sondertilgungsoption anbieten kann).

- Sie möchten die Möglichkeit haben, Ihre Rate während der Laufzeit des Darlehens zu verändern (Tilgungssatzwechsel-Option). Hier gilt das Gleiche, wie bei der Sondertilgung: Einige Banken haben es kostenfrei dabei, bei anderen gibt es einen Zinsaufschlag dafür. Viele bieten es gar nicht an und fallen mit diesem Wunsch komplett heraus (und vielleicht ist es genau das zinsgünstigste Kreditinstitut, welches diese Option dann nicht anbietet).

- Sie möchten wenig bis gar kein Eigengeld in die Finanzierung einbringen. Damit steigt der Zins zum einen und zum anderen begleiten nur wenige Kreditinstitute Finanzierungen ohne oder mit wenig Eigengeld.

- Sie möchten eine langfristige Zinssicherheit. Für eine längere Zinssicherheit zahlen Sie einen höheren Zins. Zinsbindungen von 15 oder 20 Jahren werden noch von recht vielen Banken angeboten. Bei mehr als 20 Jahren Zinsbindung kommen nur noch wenige Kreditinstitute in Frage. Aktuell gibt es zwei Anbieter, die sogar bis zu 40 Jahren Zinsbindung anbieten (Stand Januar 2020). Doch eine Zinssicherheit von 30 oder mehr Jahren kostet natürlich entsprechend Geld. Kleiner Hinweis am Rande: Auch über Bausparkassen können Zinssicherheiten von 30 und mehr Jahren dargestellt werden. Doch auch diese Finanzierungsvariante kostet entsprechend mehr Geld. Im Grunde genommen ist es auch völlig normal, dass Sicherheit Geld kostet. Ich habe das in meinen Kundengesprächen immer mit folgenden Beispielen verglichen: Gute Sicherheitskleidung für Motorradfahren, Reiten oder sonstigen Sport kostet entsprechend viel Geld. Anderes Beispiel: Je mehr Sicherheit Sie in Ihre Wohnung einbauen, desto teurer wird es (Sicherheitsschloss ist noch recht günstig, die Direktüberwachung durch einen Sicherheitsdienst kostet entsprechend mehr). Drittes Beispiel: Im Bereich der Geldanlage gilt, je sicherer (und verfügbarer) das Geld angelegt ist, desto weniger

Zinsen gibt es (Beispiel Giro- oder Sparkonto). Je risikoreicher oder langfristiger das Geld angelegt wird, desto mehr Rendite können Sie erwarten. Mehr Rendite gibt es nur, wenn man mehr Risiko eingeht. Möchte man Sicherheit, ist die Rendite gering (oder anders ausgedrückt: Sicherheit kostet Geld).

- Thema niedrige Rate (also ein niedriger Tilgungsanteil) bedeutet eine längere Rückzahlungszeit. Im aktuellen Zinsniveau bedeutet beispielsweise eine Tilgung von 2 %, dass ein Darlehen ca. 40 Jahre Laufzeit hat. Wenn das Ganze mit dem Wunsch gekoppelt ist, nach 30 Jahren fertig zu sein, dann muss die Rate zwangsläufig erhöht oder es müssen Sondertilgungen geleistet werden.

Hinweis:

Sollten Sie sich für eine 10- oder 15-jährige Zinsbindung entscheiden, dann beachten Sie bitte unbedingt die Restschuld nach Ablauf der Zinsbindung. Lassen Sie sich ausrechnen, wie hoch die Finanzierungsrate wäre, wenn das Zinsniveau beispielsweise um 2 % oder noch mehr steigen sollte (mit gleicher Gesamtlaufzeit). Alternativ lassen Sie sich bitte berechnen, wie lange das Darlehen laufen würde, wenn Sie beispielsweise bei einem 2 % höheren Zins die gleiche Rate behalten würden.

Je nach Zinsniveau und Tilgungssatz kann es passieren, dass Sie selbst dann nach Ablauf der Zinsbindung eine höhere Rate zahlen, wenn das Zinsniveau um nur einen Prozentpunkt steigt. Besonders stark besteht diese Gefahr, wenn Sie zu Beginn einen niedrigen Tilgungssatz vereinbart haben und somit nach Ablauf von zehn oder 15 Jahren noch eine entsprechend hohe Restschuld haben.

Diese Beispiele sollen Ihnen zeigen, wie wichtig es ist, sich im Vorfeld darüber Gedanken zu machen, welche Kriterien Ihnen bei der Wahl der Finanzierung besonders wichtig sind.

Hier eine Liste von Fragen, die Sie sich im Vorfeld stellen sollten:

- Wieviel Eigengeld können oder wollen Sie einbringen?
- Wie hoch ist Ihre Wunschrate, wie hoch wäre die maximal mögliche Rate?
- Wie wichtig sind Ihnen Möglichkeiten der Sondertilgung oder die Möglichkeit einer Ratenveränderung?

- Wenn Sie Sondertilgungen leisten möchten, in welcher Höhe werden diese in etwa sein? Sich darüber Gedanken zu machen ist insofern sinnvoll, da einige Kreditinstitute zwar eine beispielsweise 5%ige Sondertilgungsmöglichkeit anbieten, diese jedoch mit einer Mindesthöhe koppeln. Wenn die Mindesthöhe einer Sondertilgung bei beispielsweise 2.500 Euro liegt, Sie jedoch nur 500 Euro pro Jahr zusätzlich einzahlen können oder wollen, dann müssten Sie fünf Jahre lang sparen, um diese Sondertilgung leisten zu können.
- Wie wichtig ist Ihnen die Zinssicherheit? Wie viel Risiko sind Sie bereit einzugehen, um einen möglichst niedrigen Zins zu bekommen?

Denken Sie bitte auch strategisch und langfristig.

Beispiel 1:
Sie planen, sich in den nächsten Jahren selbständig zu machen.

Überlegung Nummer 1: Ist die Finanzierung auch dann noch tragbar? Gibt es beispielsweise ein zweites Gehalt durch den Partner/die Partnerin?

Überlegung Nummer 2: Wie viel Flexibilität wünschen Sie (beispielsweise Veränderung der Ratenhöhe durch Tilgungssatzänderung, wenn sich die Einkünfte verändern)?

Überlegung Nummer 3 (und diese ist im Fall einer Selbständigkeit fast die Wichtigste):

Sie sollten sich nach Möglichkeit nicht bis zu drei Jahre vor Ablauf der Zinsbindung selbstständig machen. Die Bonitätsprüfung (Prüfung Ihrer Zahlungsfähigkeit) ist bei einem Selbstständigen sehr viel strenger. In den ersten drei Jahren einer Selbstständigkeit ist eine Finanzierung nahezu ausgeschlossen. Das bedeutet, wenn Sie beispielsweise eine Zinsbindung von zehn Jahren vereinbart haben und Sie machen sich im 8. Jahr selbstständig, dass es dann mit einer Weiterfinanzierung der Immobilie recht kritisch werden könnte. Eventuell müsste die Immobilie dann verkauft werden.

Beispiel 2:
Familienplanung

Überlegung Nummer 1: Ist die Finanzierung auch noch tragbar, wenn ein Gehalt durch Elterngeld ersetzt wird? Was passiert, wenn ein Elternteil beispielsweise länger zu Hause bleibt oder bleiben muss (aufgrund des Betreuungsanspruchs durch das Kind), als geplant und die Elterngeldzeit abgelaufen ist?

Überlegung Nummer 2: Wie viel Flexibilität wünschen Sie (beispielsweise Veränderung der Ratenhöhe durch Tilgungssatzänderung bei Veränderung der Einkünfte)?

Überlegung Nummer 3: Je größer die Kinder werden, desto höher sind auch oft die Kosten. Ist die Finanzierung dennoch langfristig tragbar?

Beispiel 3:
Das Darlehen ist zum Eintritt ins Rentenalter noch nicht komplett getilgt.

Überlegung Nummer 1: Reicht die Rente aus, um nach wie vor die Finanzierung zu bedienen?

Überlegung Nummer 2: Können eventuell anfallende Sanierungs- und Modernisierungsmaßnahmen aus Eigengeld gezahlt werden? Falls nicht, reicht die Rente aus, um für eventuell notwendige Maßnahmen ein zusätzliches Darlehen aufzunehmen? (Achtung: Darlehensaufnahme im Rentenalter ist oftmals kompliziert aufgrund der Wohnimmobilienkreditrichtlinie)

Überlegung Nummer 3: Wie flexibel möchte ich im Alter sein? Ist die Immobilie dann überhaupt noch richtig für mich? Was ist, wenn eine Pflegebedürftigkeit eintritt und die Immobilie eventuell umgebaut werden muss?

Je besser Sie sich im Vorfeld auf das Gespräch mit Ihrem Finanzierungsberater vorbereiten und je genauer Sie Ihre eigenen Wünsche, Pläne und Ziele im Finanzierungsbereich kennen, desto besser wird das Finanzierungsangebot auch zu Ihnen passen.

Anders ausgedrückt:
Sie werden sehr schnell feststellen, ob der Finanzierungsberater auf Ihre Wünsche eingeht und entsprechende Darlehensformen anbietet oder ob er ggf. nur ein bestimmtes Produkt verkaufen möchte.

In meinen Kundengesprächen habe ich meinen Kunden die Komplexität bei der Auswahl der richtigen Bank gerne anhand des Trichters dargestellt, welchen Sie schon in Kapitel 2 kennengelernt haben.

Immobilienfinanzierung
Eine humorvolle Lern-Unterstützung für Immobiliardarlehensvermittler und Makler
ISBN 978 - 3 - 947702 - 29 - 9   -   Sorriso-Verlag

Zur Wiederholung hier noch einmal der Bankentrichter:

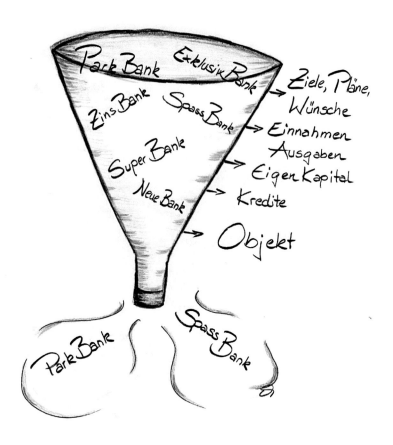

6. Wie viel Haus kann ich mir leisten?

Vielleicht stehen Sie noch ganz am Anfang Ihrer Immobiliensuche. Sie fragen sich vielleicht, wie teuer darf eine Immobilie überhaupt sein? Was würde die Bank mir finanzieren?

Meistens prallen zwei unterschiedliche Ansichten aufeinander:

1. Die Betrachtungsweise der Bank:

    Die Bank rechnet beispielsweise mit Pauschalen. Wie hoch die Pauschalen für Lebenshaltungskosten sind, ist von Kreditinstitut von Kreditinstitut etwas unterschiedlich. Varianten können sein, dass entweder eine Pauschale pro Person im Haushalt berechnet wird oder es werden beispielsweise 40 % vom Nettoeinkommen als Lebenshaltungskosten angesetzt.

    Typische Pauschalbeträge pro Monat sind: 600 bis 800 Euro für die erste Person im Haushalt, 1.000 Euro bei zwei Personen im Haushalt, für jedes Kind werden nochmal 200 bis 300 Euro hinzugerechnet.

    Dann gibt es Pauschalen für die Nebenkosten der Immobilie. Hier werden bei selbstgenutzten Wohneinheiten häufig 2,50 Euro bis 3,00 Euro pro Quadratmeter Wohnfläche berechnet.

    Des Weiteren berechnen manche Banken (vor allem die Sparkassen) eine Pauschale pro Auto, welches im Haushalt ist. Diese liegt bei ca. 250 Euro.

Beispielrechnung:
4 Personen-Haushalt (zwei Erwachsene, zwei Kinder)
Die Wunschimmobilie hat 160 qm Wohnfläche.
Es gibt ein Auto im Haushalt.

Lebenshaltungspauschale für 2 Personen:	1.000 Euro
Lebenshaltungspauschale für die beiden Kinder:	500 Euro
Pauschale für das Auto:	250 Euro
Gesamt	1.750 Euro

Was bedeutet das vereinfacht ausgedrückt?

Mal angenommen, es bestehen keine weiteren regelmäßigen Ausgaben, wie beispielsweise Ratenkredite, Leasing-Verträge etc. und weiter angenommen, das Haushaltseinkommen würde 3.000 Euro betragen, dann hätte diese Familie 1.250 Euro für eine Immobilienfinanzierung zur Verfügung.

Zu beachten ist noch:

Manche Banken möchten nach Abschluss der Finanzierung noch einen monatlichen Liquiditätspuffer haben (was durchaus Sinn macht), so dass in diesem Fall die 1.250 Euro nicht komplett angesetzt werden könnten.

Ob Kindergeld angerechnet wird, hängt ebenfalls von dem entsprechenden Kreditinstitut ab. Bei manchen Banken wird Kindergeld als Einnahme angesetzt, bei anderen wiederum nicht.

Welche Gehaltsstruktur liegt vor? Sind es gleichbleibende Einkünfte oder gibt es Schwankungen? Wurde das Durchschnittsgehalt oder das niedrigste Monatsgehalt angesetzt? Wie ist die Finanzierung auch in finanziell schwierigeren Monaten zu bedienen?

2. Die Betrachtungsweise des Kunden:

Gerade weil die Bank in der Regel mit Pauschalen rechnet, ist es für einen Kunden wichtig, sich über seine eigenen Finanzen genaue Gedanken zu machen.

Wie viel Geld geben Sie wirklich aus? Passen die Pauschalen für Sie überhaupt? Gerade wenn Sie mehr Geld ausgeben, als das, was an Pauschalen angesetzt wird, ist Unzufriedenheit bis hin zum finanzielle Chaos vorprogrammiert.

Bitte informieren Sie sich auch genau über die bisherigen Nebenkosten der Immobilie. Gerade bei älteren Objekten passen die 2,50 Euro pro Quadratmeter Wohnfläche nicht unbedingt. Welche Energiekosten, Kosten für Müllabfuhr, Grundsteuer etc. sind in der Vergangenheit tatsächlich angefallen?

In meinen Kundengesprächen hatte ich, wenn ich diese Pauschalen vorstellte, meistens folgende Reaktionen:
Entweder: „So hoch werden die Pauschalen angesetzt? Das gebe ich doch nie im Leben im Monat aus!"

Oder: „So wenig wird angesetzt? Damit komme ich absolut nicht aus!"

Genau aus diesem Grund empfehle ich, dass Sie sich im Vorfeld ein genaues Bild über Ihre eigenen Finanzen, also über Ihre Einnahmen und Ausgaben machen.

Zurück zur Ausgangsfrage:
Wie viel Eigentum können Sie sich leisten?

Gehen Sie wie folgt vor:
- Was zahlen Sie aktuell an Kaltmiete?
- Wie viel sparen Sie aktuell monatlich?

Wenn Sie aktuell mit Ihren Einnahmen gut auskommen, könnten Sie diese beiden Positionen als mögliche Rate ansetzen (es sei denn, Sie möchten weiterhin einen bestimmten Betrag sparen, dann setzen Sie den entsprechend geringeren Betrag an).

Einmal angenommen, Sie zahlen 800 Euro Kaltmiete und möchten zusätzlich 200 Euro für Ihre Wunschimmobilie im Monat aufwenden. Das würde einer Gesamtrate von 1.000 Euro entsprechen (zzgl. monatliche Nebenkosten der Immobilie).

Diese 1.000 Euro entsprechen der monatlichen Rate, die sowohl den Zinssatz, als auch den Tilgungssatz (Rückzahlungssatz) enthält. Man spricht hier von monatlicher Annuität (dieses wird genauer im nächsten Kapitel beschrieben).

Sie können nun eine beliebige Annuität ansetzen, zum Beispiel 5 %. Diese 5 % könnten sich wie folgt aufteilen:
1 % Zinsen, 4 % Tilgung oder
2 % Zinsen, 3 % Tilgung oder
1,5 % Zinsen, 3,5 % Tilgung.

Bei 5 % Annuität gehen Sie aktuell auf „Nummer sicher" (Stand Anfang 2020). Wahrscheinlich werden Sie auch eine Finanzierung mit einem geringeren Zinssatz finden und hätten dann beispielsweise bei 3 % Tilgungssatz eine Gesamtannuität von 3 % bis 4 %.

Aktuell sind sogar Negativ-Zinsen im Gespräch und scheinen Realität zu werden.

Ich gehe hier erst einmal von dem „klassischen Modell" aus, also dass Sie Zinsen für ein Darlehen bezahlen und nicht Zinsen für ein Darlehen von der Bank erhalten (was bei Negativzinsen so wäre).

Die Rate von 1.000 Euro entspricht also diesen 5 % Annuität.
Annuität bedeutet übrigens „jährliche Rückzahlung", somit muss korrekterweise die Rate auf das Jahr berechnet werden:
12 x 1.000 Euro = 12.000 Euro pro Jahr.

Wie viel Darlehen können Sie nun mit diesen 12.000 Euro bedienen? Hierfür brauchen Sie einen Dreisatz, der eine oder andere erinnert sich bestimmt an die Matheaufgaben, mit denen wir in der Schule gequält worden sind.
Aber keine Angst, der nächste Rechenschritt ist ganz einfach.
Berechnung der maximalen Kreditsumme:
12.000 / 5 x 100 = 240.000 Euro

Im nächsten Schritt schauen Sie, wie viel Eigengeld Sie einbringen können oder wollen, z.B. 50.000 Euro.

240.000 Euro zzgl. 50.000 Euro ergibt eine Gesamt-Investitionssumme vom 290.000 Euro.

Davon muss nicht nur der Kaufpreis, sondern auch alle Kaufnebenkosten gezahlt werden.

Welche Kaufnebenkosten können anfallen?
1. Grunderwerbsteuer (je nach Bundesland müssen zwischen 3,5 % und 6,5 % gezahlt werden. In unserem Beispiel nehmen wir an, dass die Immobilie in Nordrhein-Westfalen liegt, also 6,5 % Grunderwerbsteuer fällig werden).
2. Notar- und Gerichtskosten (liegen zwischen 1,5 % und 2 %, in unserem Beispiel nehmen wir 2 % an).
3. Maklerkosten (liegen zwischen 0 % und 6 % zzgl. Mehrwertsteuer. In unserem Beispiel sind es 6 % zzgl. MwSt., also insgesamt 7,14 %).

In unserem Beispiel haben wir also Nebenkosten von insgesamt 15,64 %.

Die 290.000 Euro Gesamtinvestition enthalten die Nebenkosten von 15,64 % (290.000 Euro entsprechen also 115,64 %).

Um den höchstmöglichen Kaufpreis zu ermitteln, müssen wir diese nun entsprechend wie folgt herausrechnen:

290.000 / 115,64 x 100 = 250.778,28 Euro.

Der maximale Kaufpreis der Immobilie dürfte in diesem Fall also bei maximal 251.000 Euro liegen.

Die Veränderung von Rahmendaten könnte diese Rechnung ebenfalls stark verändern. Hier ein Beispiel:

Wir nehmen als Grundlage wieder die 1.000 Euro Wunschrate und Eigenkapital von 50.000 Euro.
In der folgenden Berechnung wird jedoch mit nur 3,5 % Annuität gerechnet (zum Beispiel 1 % Zinsen, 2,5 % Tilgung).
Des Weiteren liegt die Grunderwerbsteuer nur bei 3,5 % (zum Beispiel in Bayern oder Sachsen) und es fallen keine Maklerkosten an.
Wie hoch darf der Kaufpreis bei den oben genannten Rahmendaten sein?

1. Berechnung der maximalen Finanzierungssumme:
   a. 1.000 x 12 = 12.000 Euro (pro Jahr)
   b. 12.000 / 3,5 x 100 = 342.857,14 Euro, aufgerundet 343.000 Euro

2. Berechnung der Gesamt-Investitionssumme inklusive Kaufnebenkosten:
343.000 Euro zzgl. 50.000 Euro Eigengeld = 393.000 Euro

3. Berechnung des maximalen Kaufpreises:
   a. Nebenkosten gesamt: 3,5 % (Grunderwerbsteuer) zzgl. 2 % Notar- und Gerichtskosten = 5,5 % gesamte Kaufnebenkosten
   b. 393.000 Euro entsprechen 105,5 %, daraus folgt:
   393.000 / 105,5 x 100 = 372.511,85 Euro, also rund 372.500 Euro maximaler Kaufpreis

Diese beiden Beispiele machen deutlich, wie wichtig es ist, mit den richtigen Rahmendaten zu rechnen. Meine Empfehlung: Gehen Sie eher vorsichtig an so eine Berechnung heran, dann sind Sie im Zweifel auf der sicheren Seite.

Als Ergebnis könnte man zusammenfassen:

Je nachdem, wo sich die Immobilie befindet, wie hoch der Zinssatz ist und wie viel Sie tilgen möchten, könnte der Kaufpreis zwischen 251.000 Euro (sehr konservativ berechnet) und 372.500 Euro (weniger vorsichtig berechnet) liegen.

Folgende eventuelle Kosten sollten ebenfalls berücksichtigt werden:

- Fällt für eine gewisse Zeit eine doppelte Belastung an (durch Miete und Finanzierungskosten)?
- Brauchen Sie Geld für Renovierungs- oder Sanierungsmaßnahmen?
- Wie viel Geld brauchen Sie für den Umzug?
- Bei Neubau: Puffer für eventuell höher werdende Kosten (typischerweise bei Fliesen, Auslegware, sonstige Ausstattungsmerkmale) und für das Richtfest?

7. Die verschiedenen Darlehensarten

Dieses Kapitel soll Ihnen einen kleinen Überblick über die verschiedenen, aktuell häufig am Markt angebotenen Darlehensarten geben.

7.1 Annuitätendarlehen

Es ist der Klassiker unter den Darlehensarten.
Das Annuitätendarlehen ist ein Darlehen, bei dem in der monatlichen Rate sowohl ein Zins-, als auch ein Tilgungsanteil berechnet wird.
Beispiel:
Ein Kunde nimmt ein Darlehen über 300.000 Euro auf. Der Zins der Bank beträgt 1 % und der Kunde möchte einen anfänglichen Tilgungssatz von 3 % beantragen. Warum ich anfänglicher Tilgungssatz schreibe, das erfahren Sie im Laufe dieses Kapitels.

Die Rate wird nun wie folgt berechnet:
300.000 Euro x 0,04 (1 % Zins zzgl. 3 % Tilgung, also insgesamt 4 %) = 12.000 Euro.

Diese 12.000 Euro müssen nun noch durch 12 geteilt werden, um die monatliche Rate zu ermitteln. Diese beträgt demnach 1.000 Euro monatlich.

Doch was genau ist nun ein Annuitätendarlehen?
Der Begriff Annuität bedeutet: Jahreszahlung (von Zinsen und Tilgung). Wie im obigen Beispiel aufgezeigt, wird immer zunächst die Jahresrate berechnet. Anschließend wird durch die Anzahl der jährlichen Zahlungen geteilt (also durch 12, bei monatlicher Zahlungsweise, durch 4 bei vierteljährlicher Zahlungsweise).
Ein Annuitätendarlehen ist also ein Darlehen, bei dem eine regelmäßige, gleichbleibende Rate zu zahlen ist (meist monatlich). In dieser Rate ist

sowohl ein Zins- als auch ein Tilgungsanteil enthalten.
Mit jeder Rate wird also ein kleiner Teil des Darlehens zurückzahlt. Dadurch, dass der Zinsanteil jeweils nur auf die Restschuld berechnet wird, die Rate sich jedoch während der Zinsbindungsdauer nicht verändert, erhöht sich der Tilgungsanteil mit jeder gezahlten Rate um die ersparten Zinsen. Ein Zahlenbeispiel macht dieses deutlicher.
Rahmendaten:
300.000 Euro Darlehen, 1 % Zinsen und 2 % Tilgung.
In der Tabelle sehen Sie der Übersichtlichkeit halber die Jahreswerte. Die monatliche Rate würde in diesem Fall 750 Euro betragen.

Darlehensstand zu Beginn eines Jahres	Zu zahlende Gesamtrate pro Jahr	Darin enthaltener Zinsanteil	Darin enthaltener Tilgungsanteil	Restschuld am Ende des Jahres
300.000 Euro	9.000 Euro	3.000 Euro	6.000 Euro	294.000 Euro
294.000 Euro	9.000 Euro	2.940 Euro	6.060 Euro	291.060 Euro
291.060 Euro	9.000 Euro	2.910,60 Euro	6.089,40 Euro	284.970,60 Euro

Wenn Sie sich nun die Spalte mit dem Zinsanteil anschauen, dann werden Sie feststellen, dass sich dieser jedes Jahr erhöht, da der Zinsanteil sinkt und die Rate gleich bleibt.
Nun dürfte auch klar sein, warum es in den Kreditverträgen „anfänglicher Tilgungssatz" heißt.
Die Gesamtlaufzeit dieses Darlehen würde bei gleich bleibendem Zins und gleichbleibender Rate 40 Jahre und acht Monate betragen.
Erinnern Sie sich an Kapitel 2? Dort haben Sie erfahren, dass ein Darlehen mit einem bestimmten Tilgungssatz (in unserem Beispiel 2 %) bei einem höheren Zinssatz schneller zurückgezahlt ist, als mit einem niedrigen Zinssatz. Das liegt am sogenannten Tilgungs-Tilgungseffekt. Auch das möchte ich Ihnen anhand einer Tabelle verdeutlichen.
Wir nehmen das gleiche Beispiel wie in der ersten Tabelle, nur dass wir jetzt einen Darlehenszinssatz von 3 % zugrunde legen. Der anfängliche Tilgungssatz liegt, genau wie im letzten Beispiel, bei 2 %.

Darlehensstand zu Beginn eines Jahres	Zu zahlende Gesamtrate pro Jahr	Darin enthaltener Zinsanteil	Darin enthaltener Tilgungsanteil	Restschuld am Ende des Jahres
300.000 Euro	15.000 Euro	9.000 Euro	6.000 Euro	294.000 Euro
294.000 Euro	15.000 Euro	8.820 Euro	6.180 Euro	287.820 Euro
287.820 Euro	15.000 Euro	8.634,60 Euro	6.365,40 Euro	281.454,60 Euro

Schon am Ende des dritten Jahres ist die Restschuld 3.516 Euro geringer, als im ersten Beispiel. Dafür zahlt unser Kunde aber auch 1.250 Euro monatlich, statt 750 Euro, wie im ersten Beispiel. Insgesamt hat der Kunde im unteren Beispiel nach drei Jahren also 18.000 Euro mehr bezahlt.
Die gesamte Darlehenslaufzeit im unteren Beispiel läge bei 30 Jahren und acht Monaten. Es wäre also zehn Jahre früher komplett getilgt, als im ersten Beispiel.

Zwei letzte Zahlenspiele, um noch etwas zu verdeutlichen:

Mal angenommen, Sie zahlen die Rate aus dem zweiten Beispiel (also 1.250 Euro). Der Zins läge jedoch, wie beim ersten Beispiel bei 1 %.
Dann hätten Sie das Darlehen (bei 1 % Zinsen und 4 % Tilgung) bereits nach 22 Jahren und fünf Monaten voll getilgt.
Zinssätze wie heutzutage waren noch Mitte der Neunziger Jahre des letzten Jahrhunderts undenkbar.
Ich selbst habe 1996 mit Kunden meine erste Baufinanzierung gemacht. Damals freuten sich die Kunden riesig, weil der Zins „nur noch" bei 6 % lag. In den Jahren davor waren weit höhere Zinsen, teilweise sogar 11 % oder 12 % durchaus an der Tagesordnung.
Wenn ein Kunde seinerzeit ein Darlehen über 300.000 Euro mit einem Zinssatz von 6 % und einem anfänglichen Tilgungssatz von 1 % abgeschlossen hat, dann kam er auf eine Rate von 1.750 Euro und hatte eine Gesamtlaufzeit von 32 Jahren und acht Monaten.
Dieses Beispiel macht deutlich, warum früher die Standardfinanzierung „Zehn Jahre fest, 1 % Tilgung" hieß. Zum einen war ein Darlehen mit 1 % Tilgung nach mehr oder weniger 30 Jahren zurückgezahlt und zweitens waren Zinsbindungen von mehr als zehn Jahren eher unüblich und viel zu teuer.
Der Markt heute ist ein gänzlich anderer. Doch in die Zukunft schauen können wir alle nicht und niemand weiß, wo in zehn, 20 oder 30 Jahren die Zinssätze liegen werden.

Für wen ist das Annuitätendarlehen die optimale Finanzierungslösung?
- Für alle, die mit jeder gezahlten Rate das Darlehen ein kleines bisschen tilgen wollen (im Gegensatz zu denen, die beispielsweise eine Immobilie zur Vermietung finanzieren und möglichst lange einen entsprechenden Steuervorteil nutzen möchten – siehe auch Kapitel 9).
- Für diejenigen, die während der Zinsbindung ein oder mehrmals

Sondertilgungen direkt in das Darlehen zahlen möchten, um die Darlehenssumme und damit auch die zu zahlenden Zinsen zu reduzieren.
- Für diejenigen, die eine sehr lange Zinsbindung wünschen (zum Beispiel 20 oder mehr Jahre) und das nicht über eine Bausparlösung darstellen wollen.
- Für alle, die eine schnelle Entschuldung durch einen entsprechend hohen Tilgungsanteil wünschen.
- Aber auch für diejenigen, die zunächst einmal eine möglichst niedrige Rate wünschen und deswegen einen möglichst geringen Tilgungsanteil zahlen wollen (eine ähnliche Lösung über ein Bausparprodukt ist häufig in der monatlichen Rate höher).

Exkurs Zinsbindung, Laufzeit und Volltilgerdarlehen
Wir unterscheiden bei Darlehen zwei Begrifflichkeiten:
Zinsbindung und Laufzeit.
Zinsbindung: Als Zinsbindung bezeichnet man die Zeit der sogenannten Zinsfestschreibung, zum Beispiel fünf Jahre, zehn Jahre oder 15 Jahre. Vereinzelte Kreditinstitute bieten auch Zinsbindungen von 20 bis 40 Jahren an. Am Ende der Zinsbindung ist häufig noch eine Restschuld vorhanden, für die dann ein neuer Zinssatz vereinbart oder eine neue Bank gesucht werden muss.
Laufzeit: Als Laufzeit des Darlehens wird die Zeit ab Aufnahme des Darlehens bis zur vollständigen Rückzahlung bezeichnet. Wenn ein Darlehen aus verschiedenen Komponenten besteht (hierzu mehr im Kapitel über Bausparfinanzierung), dann wird von der Gesamtlaufzeit gesprochen, also der Laufzeit bis alle Teile des Darlehens komplett getilgt worden sind.
Volltilgerdarlehen: So bezeichnet man ein Annuitätendarlehen, bei dem Zinsbindung und Laufzeit übereinstimmen. Der Tilgungsanteil ist so berechnet, dass das Darlehen am Ende der Zinsbindungsfrist auch komplett zurückgezahlt ist. Es gibt also keine Restschuld mehr am Ende der Zinsbindung.

7.2 Bausparfinanzierung

Die erste Frage, die sich dem Laien stellt, ist die Frage danach, was überhaupt ein Bausparvertrag ist. Fast jeder hört diesen Begriff von

Kindesbeinen an. Bausparkassen machen häufig Werbung im Fernsehen oder in den sozialen Medien.

Doch kaum jemand, der sich erstmalig mit dem Thema Immobilienfinanzierung beschäftigt, weiß genau was ein Bausparvertrag ist und wie er funktioniert. Spannenderweise habe ich auch in vielen meiner Seminare festgestellt, dass selbst Personen, die aus der Finanzbranche kommen, sich kaum mit dem (im Grunde genommen einfachen) Produkt Bausparen auskennen. Ich bin seit mehr als 15 Jahren in der Aus- und Weiterbildung in der Finanzbranche tätig, habe Tausende von Teilnehmern auf ihre IHK-Prüfung vorbereitet. Aus meinem Erleben heraus gibt es kaum ein Produkt, welches die Gemüter so sehr scheidet, wie Bausparen. Es kreisen so viele Mythen um das Thema Bausparen. Die einen lieben es, die anderen hassen es. Und wissen Sie was? Beide Seiten haben Recht.

Für den einen ist Bausparen die perfekte Lösung und für den anderen ist es einfach nur unnötig teuer. Im Rahmen dieses Buches möchte ich Ihnen nur einen kurzen Überblick über das Thema Bausparen geben, denn es füllt an sich schon ganze Bücher.

Typische negative Aussagen über Bausparen sind:
- Ist veraltet und überflüssig.
- Ist viel zu teuer.
- Ist zu unflexibel.
- Bringt zu wenige Guthabenzinsen.
- Mit Bausparen kann man maximal 100 % des Beleihungswertes bei selbstgenutzten Immobilien und 80 % des Beleihungswertes bei vermieteten Immobilien finanzieren.

Typische positive Aussagen sind:
- Klasse, dass es staatlich gefördert wird.
- Bringt Sicherheit in die Finanzierung.
- Ist super flexibel.
- Kann auf die individuellen Bedürfnisse ausgerichtet werden.
- Geht in den zweiten Rang im Grundbuch rein (hierzu fachlich später mehr).

Sie sehen, manche Aussagen widersprechen sich total.
Am Ende dieses Kapitels wissen Sie auch warum und warum beide Seiten Recht haben.
Entscheidend ist, wie so oft, die Perspektive und welchen Teil eines Bausparvertrags ich mir anschaue.

Grundlagen zum Thema Bausparvertrag

Bei einem Bausparvertrag gibt es drei Phasen:
- Die Ansparphase
- Die Zuteilungsphase
- Die Darlehensphase

Wie lang jede Phase ist, was in jeder Phase zu zahlen ist und wie flexibel oder unflexibel der Bausparvertrag ist, hängt zum einen vom Tarif, aber vor allem auch von der Bausparsumme ab.

Die Höhe der Bausparsumme ist ein entscheidender Faktor dafür, ob ein Bausparvertrag sinnvoll oder unsinnig ist. Es handelt sich um die Gesamtsumme, die irgendwann ausgezahlt werden soll.

Auf Grundlage der Bausparsumme wird auch die Abschlussgebühr berechnet, die je nach Bausparkasse zwischen 1 % und 1,8 % liegt.

Von der Bausparsumme hängt ab, wie hoch das Sparziel ist. Dieses beträgt (je nach Tarif) zwischen 30 % und 50 % der Bausparsumme. Der Einfachheit halber verwende ich im Folgenden die Variante, dass 40 % der Bausparsumme angespart werden müssen.

Der restliche Betrag der Bausparsumme wird nach Zuteilung (also am Ende der Sparzeit) in Form eines Darlehens ausgezahlt, welches jedoch für sogenannte „Wohnwirtschaftliche Maßnahmen" genutzt werden muss. Was dazu gehört, wird im Bauspargesetz genau definiert. So gehört die Renovierung einer Wohnung definitiv dazu, der Kauf eines Wohnmobils jedoch nicht. Die Verpflichtung zur „Wohnwirtschaftlichen Verwendung" gilt nur für das Darlehen, nicht für das Guthaben.

Beispiel:

Die Bausparsumme beträgt 100.000 Euro. Es müssen 40 % angespart werden, 60 % können als Darlehen ausgezahlt werden.

Phase 1: Ansparphase

In dieser Phase werden die 40.000 Euro Guthaben angespart. Da das Bauspardarlehen wahrscheinlich zu einem bestimmten Zeitpunkt zur Verfügung stehen soll (zum Beispiel nach zehn oder 15 Jahren), muss die Ansparrate genau berechnet werden. Wird hier beispielsweise die Rate zu niedrig angesetzt (typische Aussage von Vermittlern: Sie können ja erst einmal mit einem kleinen Betrag anfangen), dann gibt es spätestens zum Zeitpunkt, an dem die Bausparsumme zur Verfügung stehen soll, Frust.

Mal angenommen, Sie schließen einen Bausparvertrag über 100.000 Euro ab und Sie möchten mit 100 Euro monatlich anfangen. Dann brauchen Sie bei einer Abschlussgebühr von 1 %, also 1.000 Euro allein zehn Monate, um für die Abschlussgebühr zu sparen. Da die Guthabenzinsen aktuell bei einem Bausparvertrag sehr niedrig sind (dafür gibt es auch sehr niedrige Darlehenszinsen), wird das kaum während der Laufzeit wieder aufgeholt. Um 40.000 Euro (also 40 %) Guthaben zu erreichen, brauchen Sie bei 100 Euro Sparrate mehr als 30 Jahre (ca. 32 Jahre je nach Tarif). Wenn Sie jedoch schon nach zehn Jahren über den Bausparvertrag verfügen wollen, haben Sie gerade mal ein Guthaben von ca. 12.000 Euro (eventuell sogar weniger aufgrund der hohen Abschlussgebühr und der niedrigen Zinsen). Ich denke, dieses Beispiel zeigt, wie „Bausparhasser" geboren werden – nämlich genau durch diese Art der falschen Beratung. Warum schließen Vermittler gerne besonders hohe Bausparsummen ab? Sie erhalten auf Grundlage der gezahlten Abschlussgebühr ihre Provisionen.

Bausparen kann aber auch ein hervorragendes Zinssicherungsinstrument sein. Wenn die Sparrate richtig berechnet wurde (in diesem Fall ca. 330 Euro monatlich), dann können Sie nach zehn Jahren über ein Darlehen in Höhe von 60.000 Euro verfügen mit einem Zinssatz, der heute schon feststeht (unabhängig davon welcher Zinssatz am Markt vorhanden ist). Und hier sehen Sie einen der ganz großen Vorteile des Bausparens: Es ist ein Zinssicherungsprodukt. Thema Abschlussgebühr: Denken Sie an den allgemeinen Teil dieses Buches zurück: Sicherheit kostet Geld!

Das Geniale am Bausparen ist, dass Sie sich die Zinsen nicht nur zehn Jahre im Voraus sichern können, sondern auch 15, 20 oder noch mehr Jahre im Voraus.

Die Sparphase kann genau kalkuliert werden. Es sollte im Beratungsgespräch darüber gesprochen werden, wann genau Sie über die gesamte Bausparsumme (also Guthaben und Darlehen verfügen möchten).

Phase 2: Zuteilungsphase

Hierbei handelt es sich eher um einen Zuteilungszeitpunkt. Es ist der Zeitpunkt, an dem alle Kriterien für die Auszahlung der gesamten Bausparsumme erfüllt sind. Ein Kriterium ist das Guthaben.

Andere Kriterien sind: Wie hoch wurde regelmäßig gespart, wie lange läuft der Vertrag schon (es gibt bestimmte Mindestlaufzeiten), wann wurden Sonderzahlungen geleistet?

Die Berechnung des Zuteilungszeitpunktes ist komplex und soll hier nicht

weiter betrachtet werden. Das System Bausparen (Darlehenszinsen unabhängig von den Marktzinsen) funktioniert nur, wenn die Bausparkasse genug Sparer und somit genug Kapital hat, um auch Darlehen zu vergeben. Aus diesem Grund funktioniert es beispielsweise nicht, dass Sie ein anderes Produkt mit einer höheren Verzinsung ansparen und kurz vor Zuteilung einfach das Guthaben in Ihren Bausparvertrag einzahlen (dann würde das ja jeder machen).
Regelmäßiges Sparen wird beim Bausparen mit schnellerer Zuteilung belohnt.
Rein vom Bausparkassengesetz her dürfen Bausparkassen keinen festen Zuteilungszeitpunkt garantieren, da nicht klar ist, wie viel Geld der Bausparkasse tatsächlich in zehn, 20 oder noch mehr Jahren zur Verfügung steht. Das nehmen Kritiker des Bausparens auch oft als Negativthema auf. Fakt ist, dass ich es in meiner mehr als 25-jährigen Finanzberatungskarriere noch nicht erlebt habe, dass Bausparer kein Darlehen bekommen haben, weil die Bausparkasse nicht genug Geld „im Topf" hatte (in den 80iger bis Mitte der 90iger Jahre des letzten Jahrhunderts soll es das jedoch durchaus mal bei einer Bausparkasse gegeben haben, dass Kunden eine längere Zeit, also Monate bis teilweise Jahre, auf eine Darlehensauszahlung warten mussten).

Den Teilnehmern in meinen Seminaren habe ich Bausparen gerne mit folgender (nicht mathematischer) Formel erläutert:

Bausparen ist Geld x Zeit x Zins

Je länger die Ansparphase dauert, desto länger kann man sich mit der Darlehensrückzahlung Zeit lassen, desto niedriger ist die Darlehensrate. Wenn ich einen Bausparer in fünf Jahren zugeteilt haben möchte, dann muss ich oft auch das komplette Darlehen in relativ kurzer Zeit (also ebenfalls + / - fünf Jahre) zurückzahlen.

Wenn ich eine lange Ansparzeit habe, darf auch das Darlehen über einen langen Zeitraum zurückgezahlt werden.

Viele Tarife sind zusätzlich wie folgt kalkuliert:
Wenn ich eine schnelle Rückzahlung leisten kann, dann sind die Darlehenszinsen oft viel niedriger (Anfang 2020 ca. 1 % Darlehenszinsen), als wenn ich eine Rückzahlungsdauer von zehn, 15 oder mehr Jahren wünsche (dann ist durchaus eine zwei vor dem Komma, oft 2,5 % oder 2,75 %).

Oft bekommt man bei Tarifen, bei denen man 50 % der Bausparsumme ansparen muss einen niedrigeren Darlehenszins, als bei Tarifen, wo man nur 30 % als Sparziel hat.

Der Zuteilungszeitpunkt hängt also vom Tarif, der Dauer der Ansparphase und vom Guthaben im Verhältnis zur Bausparsumme ab, also kurz gesagt:
Geld x Zeit x Zins.

Klingt komplex, ist es auch!

Deswegen: Lassen Sie sich Ihren Bausparvertrag bitte ganz genau kalkulieren, damit Sie nicht zum Bausparhasser werden!

Phase 3: Die Darlehensphase
Vieles, was die Darlehensphase ausmacht, wurde vorher schon genannt:

Die Höhe der Darlehensrate steht bei Abschluss des Bausparvertrags im Grunde genommen schon fest. Aus dem Grunde sagen viele Bausparhasser, es sei unflexibel.

Allerdings gibt es in der Darlehensphase drei Besonderheiten, die Sie bei keinem Annuitätendarlehen haben werden:

1. Sie können die Rate jederzeit, so oft Sie wollen, nach oben hin verändern (leider nur nach oben hin, deswegen ist eine genaue Kalkulation schon zum Zeitpunkt des Abschlusses so wichtig).
2. Sie können so viele Sondertilgungen leisten, wie Sie möchten.
3. Das Bauspardarlehen kann im zweiten Rang des Grundbuches eingetragen werden (bis 100 % bzw. 80 % des Beleihungsauslaufs, je nachdem, ob es sich um eine vermietete oder selbstgenutzte Immobilie handelt). Besonders interessant hierbei ist, dass es keinen Zinsaufschlag dafür gibt, im Gegensatz zu Bankdarlehen. Nachrangige Annuitäten- oder sonstige Darlehen haben oft hohe Zinsaufschläge und sind damit sehr teuer, wenn sie im Grundbuch nicht im ersten Rang abgesichert werden können.

Im Kapitel 5.1. haben Sie den Beleihungsauslauf kennengelernt.

Mal angenommen, Sie müssen insgesamt 100 % des Beleihungswertes mit Darlehen finanzieren und Sie würden es über ein und dasselbe Kreditinstitut laufen lassen, dann hätten Sie einen entsprechend hohen Zins zu zahlen (nämlich für einen Beleihungsauslauf von 100 %). Einige Banken würden die Finanzierung aufgrund des hohen Beleihungsauslaufs gar nicht mehr begleiten.

Mal angenommen, Sie könnten 20 % der Darlehenssumme über ein Bauspardarlehen abdecken, welches im Grundbuch im zweiten Rang abgesichert werden kann, dann bekämen Sie für die verbleibenden 80 % des Darlehens einen wesentlich günstigeren Zins (denn es sind dann ja aus Sicht der Bank nur noch 80 % zu finanzieren) und haben dazu noch mehr Banken zur Auswahl (was sich wiederum günstig auf den Zins und die sonstigen Konditionen wie Sondertilgungsoption etc. auswirken kann).

Dieser Riesen-Zinsvorteil (auf die gesamte Laufzeit gesehen) ist oft um ein Vielfaches höher, als das, was Sie an Abschlussgebühr für den Bausparvertrag zahlen müssen.

Zusammenfassend sehen Sie also: Beide Seiten haben Recht.

Die Darlehensrate ist unflexibel, weil sie nicht nach unten angepasst werden kann, jedoch sehr flexibel, wenn Sie mehr zahlen möchten. Hinzu kommt die Möglichkeit, jederzeit Sondertilgungen in beliebiger Höhe leisten zu dürfen (anders, als bei Annuitätendarlehen). Bausparen ist teuer, wenn man nur das Produkt als solches betrachtet. Wenn man sich jedoch darüber klar wird, dass man sich zum einen Sicherheit erkauft und auf der anderen Seite ggf. eine Zinsersparnis für die restliche Finanzierung, dann ist in vielen Fällen die Beimischung eines Bausparvertrags ausgesprochen günstig.

Je nach Lebens- und Finanzierungssituation kann Bausparen ein wunderbarer Finanzierungsbaustein sein. Eine besonders sinnvolle Einsatzmöglichkeit stelle ich Ihnen noch im Kapitel 9 vor.

Hinweis:
Da es in diesem Buch um das Thema Immobilienfinanzierung geht, werden weitere Aspekte eines Bausparvertrags an dieser Stelle nur kurz angerissen.
Ein Bausparvertrag wird unterschiedlich von staatlicher Seite her gefördert.
  1. *Die Riesterförderung: Diese können Sie in bestimmte Bausparverträge einfließen lassen. Mehr dazu in Kapitel 8.*
  2. *Die Arbeitnehmersparzulagen: Sie können Ihre vermögenswirksamen Leistungen in einen Bausparvertrag zahlen. Je nach Einkommen zahlt Ihnen der Staat dann noch 9 % Arbeitnehmersparzulage auf maximal 470 Euro im Jahr dazu (Einkommensgrenze: 17.900 Euro bei Ledigen und*

35.800 Euro zu versteuerndes Jahreseinkommen bei Verheirateten, Voraussetzung ist Arbeitnehmerstatus, Stand 02.2020).

3. Die Wohnungsbauprämie: Die dritte Fördermöglichkeit ist die sogenannte Wohnungsbauprämie. Pro Person werden bis zu 512 Euro Sparleistung pro Jahr mit 8,8 % Wohnungsbauprämie (kurz WoP) pro Jahr gefördert. Die Einkommensgrenze hierbei liegt bei 25.600 Euro zu versteuerndem Einkommen für Ledige und 51.200 Euro für Verheiratete. Ab 01.01.2021 werden diese Zahlen erhöht. Dann kann pro Person bis zu 700 Euro Einzahlung gefördert werden und zwar mit 10 % Wohnungsbauprämie pro Jahr. Die Einkommensgrenze steigt ebenfalls auf 35.000 Euro für Ledige und 70.000 Euro für Verheiratete.

Beide Förderungen, also die Arbeitnehmersparzulage und die Wohnungsbauprämie, können in ein und denselben Vertrag fließen.

Für die Wohnungsbauprämie gilt: Diese wird nur ausgezahlt, wenn auch das Guthaben (und nicht nur das Darlehen) wohnwirtschaftlich verwendet wird.

Ausnahme: Wenn ein Kunde bei Abschluss des Bausparvertrags das 25. Lebensjahr noch nicht vollendet hat, dann kann er nach sieben Jahren über das Guthaben inklusive der Wohnungsbauprämie frei verfügen.

Die Arbeitnehmersparzulage kann nach Ablauf von sieben Jahren frei verfügt werden ohne Nachweis einer wohnwirtschaftlichen Verwendung.

Für beide Förderungen gilt ansonsten:

Wenn das Guthaben wohnwirtschaftlich verwendet wird, gibt es KEINE 7-Jahres-Frist mehr, wie es in früheren Zeiten einmal war. Sie können bei wohnwirtschaftlicher Verwendung Ihr Guthaben jederzeit verwenden, es kann auch weit vor den sieben Jahren oder zu einem viel späteren Zeitpunkt erfolgen.

Kleine Ergänzung am Rande:

Möchten Sie noch mehr staatliche Förderungen haben? Wenn Sie maximal 20.000 Euro zu versteuerndes Einkommen als ledige oder maximal 40.000 Euro als verheiratete Person haben und als Arbeitnehmer/in tätig sind, dann können Sie über einen Investmentsparvertrag zusätzlich noch 20 % staatliche Förderung pro Jahr bekommen (auf maximal 400 Euro Einzahlung pro Person und Jahr).

> Alle Förderungen können Sie parallel erhalten, jedoch nicht auf ein und denselben Sparbetrag, d. h. jeder Sparbeitrag wird nur einmal gefördert (es kann nicht auf den gleichen Sparbeitrag sowohl Arbeitnehmersparzulage, als auch Wohnungsbauprämie erhalten werden).

Manch ein Leser wird jetzt vielleicht sagen:

Ist ja alles schön und gut, aber was mache ich, wenn ich heute schon eine Finanzierung brauche und über keinen angesparten Bausparvertrag verfüge?

Auch hierfür gibt es Lösungen, die sogenannten Kombi-Modelle oder auch Vorfinanzierungsmodelle genannt.

Das System ist einfach erklärt:

Sie schließen zwei Produkte ab:
1. Ein Darlehensvertrag über die benötigte Summe
2. Ein Bausparvertrag über die benötigte Summe

Das Darlehen ist ein sogenanntes *Darlehen mit Tilgungsaussetzung* oder auch *Tilgungsaussetzungsdarlehen* genannt.
Das bedeutet, dass Sie während der Darlehenslaufzeit nur die Zinsen bezahlen.
Die Tilgung fließt in den Bausparvertrag hinein. Sie zahlen eine vereinbarte Mindesttilgung, damit zu einem bestimmten Zeitpunkt (der Zeitpunkt, an dem die Zinsbindung des Darlehens ausläuft) der Bausparvertrag zugeteilt, also ausgezahlt werden kann. Sie können jederzeit auch höhere Beträge oder Sondertilgungen in den Bausparvertrag hinein zahlen, um die Darlehensrestschuld nach Ablauf der Zinsbindung weiter zu reduzieren.

Zum Zeitpunkt des Darlehensablaufs (also zum Zeitpunkt, wo die Zinsbindung des Darlehens ausläuft) wird die gesamte Bausparsumme ausgezahlt.
Das Guthaben wird zur Reduzierung der Restschuld genutzt. Die Höhe des Bauspardarlehens entspricht der neuen Restschuld und wird mit regelmäßigen Raten (Zins und Tilgung) zurückgezahlt.

Diese Art der Finanzierung ist vor allem für diejenigen interessant, die von Anfang bis Ende eine fest kalkulierte Rate mit der Option von jederzeitigen Sondertilgungen wünschen (in der ersten Hälfte der Finanzierung in den

Bausparvertrag, in der zweiten Hälfte der Finanzierung in das Bauspardarlehen).
Typische Laufzeiten solcher Finanzierungmodelle sind 20 bis 30 Jahre, also zehn bis 15 Jahre Vorfinanzierung und Ansparung eines Bausparvertrags und anschließend zehn bis 15 Jahre Rückzahlung des Bauspardarlehens.

Warnhinweis!
Manchmal gibt es eine Finanzierungskonstellation, die ich gerne „aus 1 mach 4" nenne. Warum wird diese Konstellation angeboten? Ich behaupte: in den meisten Fällen deswegen, weil es nicht nur einmal Provision, sondern die vierfache Provision gibt.
Anders ausgedrückt: Wenn ein Kunde beispielsweise eine Finanzierung über 200.000 Euro benötigt, dann werden insgesamt Produkte in Höhe von 800.000 Euro abgeschlossen. Wenn es auf jedes Produkt nun 1 % bis 2 % Provision gibt, dann können Sie sich selbst ausrechnen, warum diese Finanzierungskonstellation so interessant ist … zumindest für den Vermittler.
Mag sein, dass ich selbst den wahren Vorteil dieser Finanzierungsvariante noch nicht durchschaut habe und ich lasse mich gerne eines Besseren belehren. So lange das nicht geschieht, bleibe ich dabei und sage: Finger weg von so einer Finanzierungskonstellation.
Gelockt wird mit einem scheinbar unschlagbar günstigen Effektivzins! Doch Achtung: Dieser ist auch „gemogelt" und das auf ganz legale Art und Weise.
Ich erläutere es anhand eines Beispiels:
Sie kommen als Kunde zu Ihrem Finanzierungsberater, wollen 200.000 Euro finanzieren und bekommen ein Angebot, was vom Effektivzinssatz her weit günstiger ist, als alle bisherigen.
Wenn mir Kunden von so einem Angebot erzählen, dann sage ich ihnen meistens auf den Kopf zu: Das geht nur mit einer Bauspar-Konstellation.
Die Konstellation ist wie folgt:
Sie erhalten ein Darlehen über 400.000 Euro (!). 200.000 Euro davon brauchen Sie für den Kauf Ihrer Immobilie. Die anderen 200.000 Euro gehen als Soforteinzahlung in einen Bausparvertrag.
Es wird parallel ein Bausparvertrag über 400.000 Euro abgeschlossen. Dieser wird mit den 200.000 Euro sofort aufgefüllt und hat damit die

Mindestbesparung erreicht.

Die Wartezeit bis zur Zuteilung dauert in solchen Fällen dann drei bis sechs Jahre (je nach Tarif und je nachdem, wie hoch die Rückzahlungsrate des Bauspardarlehens hinterher sein soll bzw. darf, in unserem Beispiel sind es fünf Jahre).

Nach fünf Jahren wird der Bausparvertrag zuteilungsreif.
Es werden 400.000 Euro ausgezahlt (davon entfallen 200.000 Euro zzgl. ein paar Zinsen auf das Guthaben und ca. 200.000 Euro auf das Darlehen).

Mit diesen 400.000 Euro wird das Darlehen (die Vorfinanzierung) von 400.000 Euro zurück- gezahlt und in Folge läuft das Bauspardarlehen über 200.000 Euro.

Vorteil dieser Finanzierungskonstellation: Nach Ablauf von fünf Jahren (oder je nach Tarif nach drei bis sechs Jahren) hat man ein Darlehen, in welches jederzeit Sondertilgungen geleistet werden können. Das Darlehen kann ab diesem Zeitpunkt so schnell zurückgezahlt werden, wie man möchte, ohne eine Vorfälligkeitsentschädigung leisten zu müssen. Nur die Mindestrate darf nicht unterschritten werden.

Oft erhalten Sie einen im Vergleich zu anderen Finanzierungen unschlagbar günstigen Zins.
Doch warum ist dieser Zins „Augenwischerei"?
Der Zins ist auf die 400.000 Euro berechnet. Tatsächlich benötigen Sie aber nur 200.000 Euro. Sie zahlen also doppelt so viele Zinsen, als wenn Sie nur 200.000 Euro aufnehmen würden.
Beispiel: Sie bekommen von einem Kreditinstitut ein Angebot über 200.000 Euro zu einem Zinssatz von 2 %. Der zu zahlende Zins beträgt im ersten Jahr 4.000 Euro.

Von einem zweiten Vermittler erhalten Sie ein Angebot, wie es oben beschrieben wird. Mal angenommen, Sie würden für diese 400.000 Euro einen Zins von lediglich 1,5 % zahlen müssen, dann kämen Sie auf eine Zinsbelastung von 6.000 Euro.

Wenn man diese 6.000 Euro Zinszahlung nun in Bezug setzt zu den 200.000 Euro (denn Sie brauchen ja nur 200.000 Euro), dann kämen Sie auf einen tatsächlichen Zinssatz von 3 % (6.000 Euro / 200.000 Euro x 100 = 3).

Wenn wir das Ganze nur von der Zinsbelastung her anschauen, dann könnte man denken „Wieso sollte ich eine höhere Rate bezahlen?" Das ist auf den ersten Blick so nicht erkennbar, da bei der Variante mit den

200.000 Euro ja noch eine bestimmte Mindesttilgung hinzukommt. Mal angenommen, diese läge bei 2 %, dann kommen wir bei der Variante mit den 200.000 Euro auf eine jährliche Rate von 8.000 Euro (also 2.000 Euro mehr, auf den Monat berechnet sind es rund 167 Euro mehr).

Auf den ersten Blick scheint es also so zu sein, dass nicht nur der Zinssatz günstiger ist, sondern auch die monatliche Rate (zumindest in den ersten fünf Jahren).

Es werden also unterschiedliche Faktoren miteinander verglichen – eine Finanzierung ohne Tilgung in den ersten fünf Jahren und eine Finanzierung bei der in den ersten fünf Jahren schon fleißig getilgt wird.

Spielen wir das obige Zahlenbeispiel noch mal weiter durch:
Sie zahlen fünf Jahre lang 2.000 Euro mehr Zinsen, als wenn Sie nur 200.000 Euro aufnehmen würden. Das sind 10.000 Euro. Hinzu kommt die Abschlussgebühr des Bausparvertrags von mindestens 1 %, also 4.000 Euro.

Insgesamt sind in den ersten fünf Jahren insgesamt 14.000 Euro mehr zu zahlen.

Um diese 14.000 Euro am Ende wieder einzusparen, muss der Zins des Bauspardarlehens unglaublich günstig sein.

Mein Tipp: Lassen Sie sich weder von den Soll- noch von den Effektivzinsen locken (Erläuterung siehe Glossar), sondern schauen Sie, was Ihnen zum einen wirklich wichtig ist bei der Finanzierung und zum anderen berechnen Sie einmal die voraussichtlichen Gesamtkosten der Finanzierungslösung.

Warum nenne ich die Finanzierung „aus 1 mach 4"?
Der Kunde kommt mit dem Wunsch nach einer Finanzierungssumme von 200.000 Euro.
Heraus kommt er bei der Beratung mit einer Darlehenssumme von 400.000 Euro und einem Bausparvertrag in Höhe von 400.000 Euro, also insgesamt 800.000 Euro.
Ein lukratives Geschäft... für wen, das überlasse ich jetzt Ihrer Phantasie (ach ja, ich habe es Ihnen ja vorher schon verraten).

Kleiner Hinweis für Vermittler, die diese Finanzierungskonstellation vertreten:
Sehr gerne lasse ich mich, wie weiter vorne schon geschrieben, eines Besseren belehren. Schreiben Sie mir gerne und das Kapitel wird in der nächsten Auflage umgeschrieben, zumindest, wenn Sie mich davon überzeugen konnten.

7.3 Tilgungsaussetzungsdarlehen

Das Tilgungsaussetzungsdarlehen wird auch Zinszahlungsdarlehen oder „Darlehen gegen Tilgungsaussetzung" genannt.
Eine Art des Tilgungsaussetzungsdarlehen haben Sie im vorherigen Kapitel schon kennengelernt.
Bei dieser Art Darlehen zahlen Sie während der Zinsbindungsdauer lediglich die anfallenden Zinsen.
Die Tilgung des Darlehens erfolgt in der Ansparung von anderen Produkten.
Mit dem angesparten Kapital wird dann zum Ende der Zinsbindung das Darlehen oder ein Teil davon zurückgezahlt.
Welche Gründe könnte ein Kunde dafür haben?
Häufig wird diese Darlehensform bei vermieteten Immobilien genutzt. Hintergrund hierfür: Die Zinsen können während der Zinsbindungsdauer als Werbungskosten voll abgesetzt werden und reduzieren damit das zu versteuernde Einkommen.
Im Gegensatz dazu sinkt der Zinsanteil beim Annuitätendarlehen mit jeder gezahlten Rate. Je weniger Zinsen ein Kunde zahlt, desto weniger kann er als Werbungskosten in seiner Steuererklärung angeben.
Vorsorglich sei hier erwähnt:
Es können nur die Darlehenszinsen, nicht jedoch die Darlehenstilgung, als Werbungskosten angegeben werden. Ein anderer Grund für diese Darlehensform könnte sein, dass ein Kunde die Vorteile anderer Produkte nutzen möchte, in denen er seine Tilgungsleistung anspart.
Die möglichen Vorteile eines Bauspardarlehens haben Sie schon im vorherigen Kapitel erfahren.
Andere Tilgungs-Ersatzprodukte können sein:

Ansparung der Tilgung in einen Fondssparplan:
Die Tilgung des Darlehens wird in einen Investmentfonds gezahlt. Je nachdem, in welchen Investmentfonds gespart wird, kann diese Variante kann recht risikoreich sein.
Häufig wird eine solche Konstellation mit Aktienfonds angeboten. Hintergrund: Sie als Kunde erhalten eventuell eine höhere Rendite aus dem Investmentfonds, als Sie an Zinsen für Ihre Immobilienfinanzierung zu zahlen haben. Das kann ausgesprochen interessant sein.
Doch **Achtung!** Investmentfonds, die hohe Renditen erzielen können, sind gleichzeitig mit einem höheren Schwankungsrisiko behaftet! Das

bedeutet, dass Sie auch Verluste machen können und Ihr Sparziel (Rückzahlung des Darlehensbetrags) eventuell nicht erreichen.
Diese Variante sollten Sie nur wählen, wenn Sie es sich leisten können, eventuelle Verluste auszugleichen (weil Sie ggf. noch anderes Kapital für die Rückzahlung des Darlehens zur Verfügung haben).
Es gibt auch Aktienfonds mit Kapitalerhaltungsgarantie.
Doch auch hier gilt wie immer: Sicherheit kostet Geld.
Bei Investmentfonds heißt es: Sicherheit nimmt Rendite (im Vergleich zu einer Anlage ohne Absicherung).
Ob diese abgesicherten Fonds dann wirklich die gewünschte Rendite erbringen, ist fraglich.

Ansparung von Kapital in einer Lebens- oder Rentenversicherung:

Ein Hintergrund hierfür kann der gewünschte Versicherungsschutz sein, zum Beispiel eine Todesfallabsicherung, eine Berufsunfähigkeitsabsicherung et cetera.
Klassische Verträge (mit garantierter Verzinsung) haben nur noch minimale Verzinsungen (Stand Januar 2020). Verträge auf Fondsbasis unterliegen dem bereits beschriebenen Schwankungsrisiko.
Hinzu kommen die relativ hohen Kosten von Kapitalversicherungen. Das reduziert die Rendite zusätzlich.Meines Erachtens ist eine solche Finanzierung die wirtschaftlich schlechteste Variante.
Wenn Versicherungsschutz gewünscht ist, kann dieser auch über wesentlich günstigere Risikoabsicherungen erfolgen.

7.4 Variable und Cap-Darlehen

Ein variables Darlehen ist ein Darlehen ohne Zinsbindungsfrist und mit einem variablen Zinssatz, welcher sich in regelmäßigen Abständen verändert. Der Zinssatz richtet sich bei den meisten Kreditinstituten nach der Veränderung des Euribor.
Bei den meisten in Deutschland erhältlichen variablen Darlehen kann sich bei Marktzinsveränderung der Zinssatz alle drei Monate ändern. Vorteil des variablen Darlehens ist, dass der Kunde es jederzeit (meistens mit drei Monaten Kündigungsfrist) ohne Zahlung einer Vorfälligkeitsentschädigung zurückzahlen kann.

Ein variables Darlehen eignet sich zum Beispiel:

- Als Beimischung, wenn in beliebiger Höhe Sondertilgungen geleistet werden sollen (weil beispielsweise mehrmals jährlich Bonifikationen ausgeschüttet werden oder wenn jemand selbständig ist und nicht regelmäßig, sondern je nach Einkünften tilgen möchte).

- Für Zwischenfinanzierungen genutzt, zum Beispiel für noch nicht zugeteilte Bausparverträge oder Sparverträge, die erst in den nächsten Monaten auslaufen.

- Wenn beispielsweise eine andere Immobilie verkauft werden soll und der Verkaufserlös als Eigenkapital in die Finanzierung einfließen soll. Problematisch wird das, wenn das Geld aus der verkauften Immobilie später kommt, als der Kaufpreis für die neue Immobilie gezahlt werden muss. Dieser fehlende Betrag kann dann optimaler Weise über ein variables Darlehen zwischenfinanziert werden.

Eine Sonderform des variablen Darlehens ist das CAP-Darlehen. Dieses zeichnet sich dadurch aus, dass es eine Zinsobergrenze gibt, die von der Bank garantiert wird (der sogenannte CAP). Damit hat der Kunde die Sicherheit, dass der Darlehenszins in Zeiten steigender Zinsen nicht ins Unermessliche bzw. ins für den Kunden Unbezahlbare steigen kann.
Manchmal gibt es auch eine Zinsuntergrenze, die dann Floor genannt wird. Auch in diesem Fall kostet Sicherheit Geld. Der Kunde zahlt für eine solche Absicherung eine CAP-Gebühr, die davon abhängt, über welchen Zeitraum diese Vereinbarung getroffen wird (etwa drei oder fünf Jahre, selten werden auch zehn Jahre angeboten).
Ein CAP-Darlehen wird gerne von Kunden mit sehr unterschiedlich hohen Einkünften gewählt (zum Beispiel Selbstständige), da die Tilgung flexibel erfolgen kann. Als Kunde können Sie jederzeit so viel oder so wenig tilgen, wie Sie möchten und haben dennoch nicht das Risiko unbegrenzter Zinssteigerungen, weil der Zinssatz nach oben hin gedeckelt ist.

7.5 Nachrangdarlehen

Der Begriff Nachrangdarlehen kommt daher, weil es ein Darlehen ist, welches im Grundbuch nachrangig, also hinter anderen Darlehen, meistens den Hauptdarlehensgebern abgesichert wird.

> *Exkurs Zwangsversteigerung:*
> *Warum ist das Thema mit den verschiedenen Rängen im Grundbuch so wichtig?*
> *Bei einer Zwangsversteigerung wird das Geld der Reihe nach verteilt. Kommt ein Kunde seinen Darlehensverpflichtungen nicht nach, kann eine Zwangsversteigerung von Seiten der Banken in die Wege geleitet werden. Bei einer Zwangsversteigerung können Interessierte ein Gebot für das Objekt abgeben. Die Person mit dem höchsten Gebot bekommt den Zuschlag.*
> *Das Geld wird dann wie folgt verteilt:*
> *Zunächst werden die Gerichtskosten bezahlt.*
> *Danach bekommt die Bank im ersten Rang ihr Geld, dann die im zweiten Rang und so weiter. Das bedeutet, dass Banken in den hinteren Rängen durchaus ein größeres Risiko tragen, kein Geld mehr zu bekommen.*
> *Beispiel:*
> *Ein Kunde hat folgende Darlehen im Grundbuch stehen:*
>   *1. Rang 150.000 Euro ABC-Bank*
>   *2. Rang 80.000 Euro Bausparkasse Fröhlich Sparen*
>   *3. Rang 30.000 Euro XYZ-Bank*
> *Bei einer Zwangsversteigerung bleiben nach Abzug der Gerichtskosten 210.000 Euro übrig. Diese werden wie folgt verteilt:*
> *150.000 Euro bekommt die ABC-Bank.*
> *60.000 Euro bekommt die Bausparkasse Fröhlich Sparen.*
> *Die XYZ-Bank geht komplett leer aus.*
> *Dieses Beispiel macht deutlich, warum Kreditinstitute sich im ersten Rang des Grundbuches absichern wollen. Jedes Nachrangdarlehen ist mit einem Zinsaufschlag (= Risikoaufschlag) versehen. Je höher der Beleihungsauslauf ist, desto teurer wird das Darlehen (Ausnahme: Bauspardarlehen, siehe Kapitel über die Bausparfinanzierung).*

Warum werden Nachrangdarlehen angeboten?
Einer der Hauptgründe hierfür ist, die Kondition des Vorranggläubigers positiv zu verändern, da das Nachrangdarlehen für den vorrangigen Darlehensgeber wie Eigengeld wirkt.
Was bedeutet das? Mal angenommen, Sie möchten 300.000 Euro finanzieren. Der Beleihungswert Ihrer Immobilie beträgt ebenfalls 300.000 Euro. Wenn Sie diesen nun über ein Darlehen absichern, haben Sie einen Beleihungsauslauf von 100 % und somit eine recht hohe Zinskondition.

Wenn jetzt 60.000 Euro über eine andere Darlehensform abgeschlossen werden können (beispielsweise über ein Förderdarlehen, ein Bauspardarlehen oder ein sonstiges Nachrangdarlehen), dann erhalten Sie für die Hauptfinanzierung einen Beleihungsauslauf von 80 %, da über das Hauptdarlehen, welches im ersten Rang abgesichert wird, nur noch 240.000 Euro finanziert werden müssen. Die Kondition für den 80%igen Beleihungsauslauf, also für die 240.000 Euro, wird in der Regel deutlich günstiger sein, als wenn Sie 300.000 Euro hierüber finanzieren würden. Manch eine Finanzierung wird auch erst durch Nachrangdarlehen darstellbar, vor allem, wenn die Finanzierung über 100 % hinausgeht.
Eine Finanzierung kann dann über 100 % hinausgehen, wenn wenig Eigengeld eingesetzt wird und der Kaufpreis beispielsweise höher ist, als der Beleihungswert, den die Bank ermittelt. Des Weiteren sprechen wir von „über 100 %-Finanzierungen", wenn ein Teil der Kaufnebenkosten mitfinanziert werden muss (Maklerkosten, Grunderwerbsteuer, Notar- und Gerichtskosten).
Es gibt einige typische Nachrangdarlehensgeber in Deutschland (so zum Beispiel die Hanseatic Bank oder die Oyak Anker Bank, die an dieser Stelle genannt werden, weil beide in diesem Markt mehr oder weniger ein Alleinstellungsmerkmal haben, Stand 01.2020).
Bei beiden Kreditinstituten können Nachrangdarlehen abgeschlossen werden, obwohl beispielsweise die Hauptfinanzierung bei einem anderen Darlehensgeber läuft. Teilweise werden diese Darlehen gar nicht in das Grundbuch eingetragen, sondern „blanko" vergeben (so nennt man es, wenn das Darlehen nicht im Grundbuch eingetragen wird).
Die Konditionen sind häufig auf Ratenkreditniveau, dennoch rechnet es sich in vielen Fällen, da die wesentlich größere Summe des Hauptdarlehens dadurch mit einem erheblich günstigeren Zins abgeschlossen werden kann.
Teure Nachrangdarlehen sollten so schnell wie möglich zurückgezahlt werden.
Zusammenfassend kann man sagen:
Teure Nachrangdarlehen verbilligen oft die Gesamtfinanzierung!
Übrigens:
Nachrangdarlehen werden auch oft als Eigenkapitalersatz oder Eigenkapitalersatzdarlehen bezeichnet.
Für die Kondition beim Hauptdarlehensgeber ist es in der Regel egal, ob (wie im obigen Beispiel) die 60.000 Euro als Eigenkapital oder als Nachrangdarlehen eingebracht werden, da die Absicherung im

Grundbuch in beiden Fällen nur über 240.000 Euro erfolgt (also 80 % des Beleihungsauslaufs im Beispiel oben).
Allerdings wirkt es sich auf die Bonitätsprüfung aus, da die monatliche Belastung bei einem Nachrangdarlehen wesentlich höher ist, als wenn Sie Eigengeld einbringen würden.
Bei einigen Banken müssen die Kaufnebenkosten zwingend als Eigengeld eingebracht werden. Eine Finanzierung der Kaufnebenkosten führt automatisch zu einer Ablehnung der Finanzierung, auch wenn es von der Einnahmen-Ausgaben-Rechnung her machbar wäre.

7.6 Forward-Darlehen

Ein Forward-Darlehen ist ein Darlehen, welches heute abgeschlossen, aber erst in sechs bis 60 Monaten ausgezahlt wird. Voraussetzung: Es gibt schon eine Immobilie und ein aktuell bestehendes Darlehen für diese Immobilie, bei welchem die Zinsbindung in sechs oder mehr Monaten ausläuft.
Als Forward-Darlehen wird also eine Anschlussfinanzierung bezeichnet, die mindestens sechs Monate vor Ablauf der bestehenden Finanzierung abgeschlossen wird.
Wie bereits zu Anfang des Kapitels genannt, gibt es aktuell Forward-Darlehen am Markt mit sechs bis 60 Monaten Vorlauf. Die klassischen Forward-Zeiten sind jedoch zwölf bis 36 Monate. Bei Darlehen mit weniger als zwölf Monaten Vorlaufzeit wird häufig mit einer sogenannten bereitstellungszinsfreien Zeit (siehe Erläuterung im Kasten unten oder im Glossar) gearbeitet. Vorlaufzeiten von mehr als 36 Monaten sind nur bei wenigen Kreditinstituten darstellbar. Klassischerweise wird es in Form eines Annuitätendarlehens vereinbart, es wäre aber auch als ein Zinszahlungsdarlehen denkbar.
Je länger ein Darlehen im Voraus abgeschlossen wird, desto höher ist der Zinsaufschlag.

Schauen wir uns ein Beispiel an. Wir machen eine Zeitreise und heute ist der 15.11.2020.

Sie haben im Jahre 2013 ein Darlehen mit einer Zinsbindung von zehn Jahren abgeschlossen.
Die Zinsbindung dieses Darlehens läuft am 31.10.2023 aus. Zu diesem Zeitpunkt werden Sie noch eine Restschuld von 180.000 Euro haben.

Da Sie Angst vor steigenden Zinsen haben, möchten Sie sich Ihre Anschlussfinanzierung schon heute sichern.
Aus dem Grund unterschreiben Sie schon heute, also am 15.11.2020, den Vertrag für eine Anschlussfinanzierung in Höhe von 180.000 Euro, die am 31.10.2023 ausgezahlt wird, um Ihr altes Darlehen abzulösen.
Dabei ist es unerheblich, ob Sie diese Anschlussfinanzierung über das gleiche Kreditinstitut wie bisher machen oder ob das bisherige Darlehen dann von einer anderen Bank abgelöst wird.
Achtung: Auch hier gibt es manchmal unglaubliche Zinsunterschiede. Bitte achten Sie vor Unterschrift auf dem Forward-Darlehen darauf, ob es sich um ein echtes oder um ein unechtes Forward-Darlehen handelt.

Schauen wir uns den Unterschied anhand des obigen Beispiels an:

Rahmendaten:
Das bisherige Darlehen läuft am 31.10.2023 aus. Sie schließen am 15.11.2020 bereits einen Darlehensvertrag für die Anschlussfinanzierung ab. Dieses Darlehen wird dann am 31.10.2023 ausgezahlt, um die bisherige Finanzierung abzulösen. Das neue Darlehen wird mit einer Zinsbindung von zehn Jahren vereinbart.

Echtes Forward-Darlehen:
Die 10-Jahres-Zinsbindung beginnt mit Auszahlung des Darlehens, also am 31.10.2023. Die neue Zinsbindung endet demnach am 31.10.2033. Ab Auszahlungsdatum haben Sie weitere zehn Jahre Zinssicherheit. Die tatsächliche Zinssicherheit ab Abschlussdatum beträgt 13 Jahre (2020 bis 2033).

Unechtes Forward-Darlehen:
Die 10-Jahres-Zinsbindung beginnt ab sofort, auch wenn das Darlehen erst am 31.10.2023 ausgezahlt wird. Bei dieser Darlehensform haben Sie 36 Monate bereitstellungszinsfreie Zeit. Zum Zeitpunkt der Darlehensauszahlung, also am 31.10.2023 sind bereits die ersten drei Jahre Zinsbindung vergangen. Die Zinsbindung des neuen Darlehens endet bereits am 15.11.2030. Die Zinsbindung von zehn Jahren beginnt sofort, so dass Sie zum Zeitpunkt der Ablösung des alten Darlehens nur noch sieben Jahre Zinssicherheit haben.

Was sind Bereitstellungszinsen?
Wenn ein Darlehensvertrag abgeschlossen und ausgezahlt wird, werden ab diesem Zeitpunkt Zinsen fällig.
Doch nicht jeder Darlehensvertrag wird sofort ausgezahlt. Manchmal braucht man das Geld erst zu einem späteren Zeitpunkt (zum Beispiel bei einem Neubau, wenn zunächst nur das Grundstück gekauft wird und anschließend beispielsweise nach Baufortschritt bezahlt wird oder bei dem oben beschriebenen Forward-Darlehen).
Für Darlehensteile, die noch nicht ausgezahlt sind, kann die Bank eine Gebühr verlangen, die sogenannten Bereitstellungszinsen. Diese betragen je nach Kreditinstitut häufig zwischen 0,2 % bis 0,25 % monatlich auf die noch nicht ausgezahlte Darlehenssumme (klingt erst einmal wenig, doch wenn Sie diesen Zins auf das Jahr hochrechnen, kommen Sie auf einen Sollzins von 2,4 % bis 3 %). Bei dem aktuellen Zinsniveau (Stand 2020) ist dieses ein sehr viel höherer Betrag, als das, was Sie an Darlehenszinsen bezahlen würden.
Aus dem Grunde sollte man sich genau ausrechnen, ob man sich das Darlehen nicht schon frühzeitig auszahlen lässt und beispielsweise beim Neubau alles von dem Baukonto bezahlt, auf welches das Darlehen ausgezahlt wurde.
Leider ist eine sofortige Gesamtauszahlung des Darlehens nicht bei jedem Kreditinstitut möglich.
Noch ein Hinweis an dieser Stelle:
Die Tilgung eines Darlehens beginnt ab dem Zeitpunkt, wo es komplett ausgezahlt wurde. Solange das Darlehen noch nicht ausgezahlt ist, zahlen Sie nur den Zinsanteil auf den bereits ausgezahlten Anteil (diese werden dann Bauzeitzinsen genannt) und Bereitstellungszinsen auf den nicht ausgezahlten Teil.

Tipp:
Die meisten Kreditinstitute bieten eine bereitstellungszinsfreie Zeit (also eine Zeit ohne Gebühren für nicht ausgezahlte Darlehensteile) von bis zu sechs Monaten an. Bei manchen Banken kann man sogar bis zu zwölf oder 18 Monate bereitstellungszinsfreie Zeit erhalten (leider manchmal mit einem Zinsaufschlag für das gesamte Darlehen – auch hier gilt es wieder genau zu prüfen, welches unter dem Strich die günstigste Variante ist).

Bitte denken Sie daran:
Ein Forward-Darlehen ist ein fest abgeschlossener Darlehensvertrag, keine Option! Wenn Sie heute ein Forward-Darlehen abschließen und die Zinsen sinken, dann müssen Sie dieses Darlehen dennoch in Anspruch nehmen. Wenn Sie es nicht in Anspruch nehmen, können hohe Kosten in Form einer Vorfälligkeitsentschädigung (siehe Glossar) auf Sie zukommen. Diese kann mehrere tausend Euro betragen.
Deswegen sollte der Zeitpunkt des Abschlusses genau überlegt sein. Beobachten Sie den Markt. Wie realistisch sind Zinssteigerungen?
Sie erkaufen sich mit einem Forward-Darlehen Sicherheit. Ich kann gar nicht oft genug betonen: Sicherheit kostet Geld.
Wenn Sie ein Forward-Darlehen abgeschlossen haben, dann freuen Sie sich bitte über den Zins, den Sie erhalten haben und ärgern Sie sich nicht, wenn Sie bei Auszahlung des Forward-Darlehens feststellen, dass Sie einen zu hohen Sollzins im Vergleich zum Marktzins zahlen. Sie haben quasi eine Wette auf steigende Zinsen abgeschlossen.
Wenn die Zinsen nämlich tatsächlich steigen und vielleicht um einiges höher liegen, als der Zins, den Sie bei Ihrem Forward-Darlehen abgeschlossen haben, dann wird die Freude sicherlich groß sein.
Mein Tipp: Wenn Sie ein Forward-Darlehen abschließen, dann bitte mit der Grundeinstellung, dass der vereinbarte Zins für Sie absolut okay ist – unabhängig davon, was am Markt mit den Zinsen passiert.
Kommen wir zu einem letzten wichtigen Thema, wenn wir über Anschlussfinanzierungen bzw. über Forward-Darlehen sprechen:
Das Sonderkündigungsrecht bei Darlehen, die eine längere Zinsbindung als zehn Jahre haben.

Jedes Darlehen, welches mit einer Zinsbindung von mehr als zehn Jahren abgeschlossen wurde, kann nach Ablauf von zehn Jahren ohne Vorfälligkeitsentschädigung gekündigt werden.
Hierbei sollten jedoch zwei wichtige Dinge beachtet werden, um den richtigen Zeitpunkt für die Anschlussfinanzierung zu ermitteln:

Sonderkündigungsrecht nach § 489 BGB:

Ein Darlehensvertrag mit einer Zinsbindung von mehr als zehn Jahren kann jederzeit nach Ablauf von zehn Jahren mit einer

Kündigungsfrist von sechs Monaten gekündigt werden.
Zu beachten ist hierbei folgendes:
Die 10-Jahres-Frist beginnt erst, wenn das Darlehen komplett ausgezahlt wurde.

Beispiel:
Abschluss des Darlehens am 01.11.2010 mit einer Zinsbindung von 15 Jahren. Die Zinsbindung läuft zum 31.10.2025 aus.

Da es sich um einen Neubau handelte, wurde der letzte Euro aus diesem Darlehen erst am 10.08.2011 ausgezahlt. Ab diesem Zeitpunkt beginnt die 10-Jahresfrist.
Des Weiteren ist die 6-monatige Kündigungsfrist zu beachten.
Die 10-Jahres-Frist endet am 10.08.2021. Sechs Monate später ist der 10.02.2022.

Somit kann das Darlehen frühestens zum 11.02.2022 umgeschuldet werden.

Nach Ablauf dieser zehn Jahre gilt stets die 6-monatige Kündigungsfrist. Das Darlehen kann also ab diesem Zeitpunkt jederzeit mit einer Frist von sechs Monaten gekündigt werden.

8. Förderdarlehen, Förderbanken und sonstige Förderungen (inklusive Riester, Baukindergeld)

In diesem Kapitel erhalten Sie einen kurzen Überblick darüber, welche Fördermöglichkeiten Sie ggf. nutzen können. Es ist keinesfalls vollständig, da sich manche Förderungen immer mal wieder ändern und nicht alle Fördermöglichkeiten für jeden in Frage kommen.
Wenn die eine oder andere Fördermöglichkeit in Frage kommt, erhalten Sie (hoffentlich) alle notwendigen Informationen zu den entsprechenden Produkten von Ihrem Finanzierungsberater. Manche Produkte füllen ganze Lehrbücher.

8.1 KFW-Darlehen und Baukindergeld

KFW-Darlehen sind staatlich geförderte Darlehen. Bei einigen Darlehen bekommen Sie einen vergünstigten Zins (im Vergleich zum Marktzins), bei anderen Darlehen erhalten Sie einen Tilgungszuschuss (zum Beispiel bei einigen Darlehen zum Thema „Energieeffizient Bauen").
KFW-Darlehen werden normalerweise von dem Kreditinstitut mit beantragt bei dem Ihre Hauptfinanzierung läuft. Sie werden dann mit der gleichen Grundschuld abgesichert wie Ihr Hauptdarlehen. KFW-Darlehen können nicht direkt bei der KFW beantragt werden.
KFW steht für „Kreditanstalt für Wiederaufbau". Sie ist übrigens die

weltweit größte nationale Förderbank (Stand 01.2020) und die drittgrößte Bank Deutschlands (gemessen an der Bilanzsumme). Gegründet wurde sie 1948.

In manchen Bundesländern ist es möglich, dass KFW-Kredite über bestimmte Förderbanken beantragt werden. Dann können diese Darlehen nachrangig in das Grundbuch eingetragen werden und wirken dadurch auf die Kondition des Hauptdarlehens wie Eigenkapital (siehe auch Kapitel über Nachrangdarlehen). Mehr zum Thema Förderbanken im nächsten Kapitel.

Welches KFW-Darlehen für Sie in Frage kommen könnte, hängt zum Beispiel davon ab, ob Sie eine Bestandsimmobilie oder einen Neubau kaufen bzw. selbst bauen wollen. Es hängt des Weiteren davon ab, ob Sie die Immobilie selbst nutzen oder vermieten werden.

Auch für Sanierungs- und Umbaumaßnahmen gibt es spezielle KFW-Darlehen.

Folgende KFW-Programme können zum Zeitpunkt der Drucklegung dieses Buches für Wohnimmobilien unter anderem genutzt werden:

Name des Darlehens	Programmnummer	Verwendungszweck	Hinweis	Maximale Darlehenshöhe
Wohneigentumsprogramm	124	Für den Kauf einer Immobilie zur Eigennutzung.	Kann nur für selbst genutzte Immobilien beantragt werden.	100.000 Euro
Energieeffizient Bauen	153	Für Immobilien, die bestimmte Energieverbrauchs-werte unterschreiten.	Kann für selbstgenutzte und für vermietete Immobilien beantragt werden.	100.000 Euro je Wohneinheit
Energieeffizient Sanieren	151 und 152	Für energetische Sanierungsmaßnahmen mit dem Ziel, die Heizkosten massiv zu reduzieren.	Kann für selbstgenutzte und für vermietete Immobilien beantragt werden, deren Bauantrag vor dem 01.02.2002 gestellt wurden.	100.000 Euro je Wohneinheit
Altersgerecht umbauen	159	Ziel: barrierefreies Wohnen	Kann für selbstgenutzte und für vermietete Immobilien beantragt werden.	50.000 Euro je Wohneinheit

Diverse sonstige Kredite für energetische Maßnahmen	167, 270, 275	Förderung von erneuerbaren Energien	Kann für selbstgenutzte und für vermietete Immobilien beantragt werden.	50.000 Euro bis 50 Mio. Euro
Wohneigentumsprogramm Genossenschaftsanteil	134	Für den Kauf von Genossenschaftsanteilen	Nur für selbst-genutzten Wohnraum möglich	50.000 Euro
KFW-Zuschüsse	430, 431, 433	Für energetische Maßnahmen	Für selbst-genutzte und vermietete Immobilien	4.000 Euro bis 30.000 Euro
KFW-Zuschüsse	455-B, 455-E	Barriere-Reduzierung, Einbruchschutz	Für selbst-genutzte und vermietete Immobilien	1.600 Euro bis 6.250 Euro
Baukindergeld	424	Zuschuss vom Staat für Familien mit Kindern	Für den Bau oder Kauf einer selbstgenutzten Immobilie	12.000 Euro Zuschuss pro Kind (verteilt auf zehn Jahre je 1.200 Euro)

Weiterführende Informationen finden Sie unter https://www.kfw.de

8.2 Förderbanken der Bundesländer

Einige Bundesländer haben Förderbanken. Eine Auflistung aller Förderbanken finden Sie unter:
https://investitionsbank.info oder unter
https://foerdermittel-deutschland.de/foerderbanken/

Bitte informieren Sie sich in jedem Fall über Fördermöglichkeiten in Ihrem Bundesland.

Bei einigen Förderbanken dürfen Sie ein bestimmtes Einkommen nicht übersteigen, damit Kredite über die Förderbank abgeschlossen werden können.

Bei anderen Förderbanken erhalten Sie auch einkommensunabhängige Möglichkeiten.

Einige Beispiele möchte ich hier kurz anführen:
1. KFW-Darlehen über Förderbanken
    Über einige Förderbanken können Sie die KFW-Darlehen beantragen (zur Erinnerung: Die KFW-Darlehen müssen immer

über ein Kreditinstitut beantragt werden. Wenn Sie das KFW-Darlehen über die Hauptbank mit beantragen, dann wird sie über die Grundschuld dieser Bank mit abgesichert und Sie haben insgesamt einen höheren Beleihungsauslauf und damit höhere Zinsen). Wenn Sie die KFW-Darlehen über eine Förderbank beantragen, dann wird das KFW-Darlehen im zweiten Rang im Grundbuch abgesichert und wirkt damit auf das Hauptdarlehen wie Eigenkapital. Sie können dadurch eine hohe Summe an Zinsen sparen. Die Bedingungen für die Beantragung über eine Förderbank sind unterschiedlich. Bei manchen Förderbanken spielt das Einkommen eine Rolle (zum Beispiel bei der NBank in Niedersachen). Bei anderen Förderbanken brauchen Sie lediglich 7,5 % der Gesamtkosten als Eigenkapital einzusetzen, um in den Genuss der Förderbanken zu kommen (so zum Beispiel bei der Investitionsbank Schleswig-Holstein (IB.SH), bei der Hamburgischen Investitions- und Förderbank (IFBHH) und bei der BayernLaBo (steht für Bayrische Landesbodenkreditanstalt, wird jedoch immer BayernLaBo genannt).

2. „Verdopplung" der KFW-Darlehen
Bei manchen Förderbanken können die KFW-Darlehen quasi verdoppelt werden. Wenn ein KFW-Darlehen beantragt wird, so kann man in gleicher Höhe und zu gleichen Konditionen ein zweites Darlehen über diese Förderbank beantragen (so zum Beispiel bei der Hamburgischen Investitions- und Förderbank (oder kurz: IFB).

3. Familienförderung
Wenn Familien bestimmte Einkommensgrenzen unterschreiten, gibt es in verschiedenen Bundesländern die Möglichkeit günstige Familienkredite für den Erwerb eines Eigenheims abzuschließen. Oft gibt es ein bestimmtes Budget für ein bestimmtes Jahr. Wenn das Budget ausgeschöpft ist, können auch keine Förderdarlehen für Familien mehr ausgegeben werden. Hier empfiehlt es sich, bei der in Ihrem Bundesland ansässigen Förderbank nachzufragen (auch über das Internet sind die meisten Informationen verfügbar).

4. Sonstige Kredite
Exemplarisch sei hier die Investitionsbank Schleswig-Holstein genannt, über die verschiedene andere Kredite abgeschlossen werden können. Interessant sind solche Kredite vor allem, wenn nicht genug Eigengeld vorhanden ist, um in die nächst günstigere Zinsstufe bei der Bank zu kommen, welche die Hauptfinanzierung begleitet.
Beispiel: Ihnen fehlen 10.000 Euro, um in einen Beleihungsauslauf von 80 % zu kommen. Diese könnten Sie über ein Nachrangdarlehen machen (ist jedoch oft sehr teuer) oder Sie machen es über die Förderbank. Vorteil der Förderbanken sind die günstigeren Konditionen. Leider geht das nur bei wenigen Förderbanken und oft auch nur in Kombination mit anderen Darlehen (also zum Beispiel ein KFW-Darlehen). Bedingung bei der Investitionsbank ist beispielsweise, dass 7,5 % der Gesamtkosten als Eigengeld eingebracht werden können.

5. Zuschüsse
In manchen Bundesländern gibt es sogar Zuschüsse für den Bau oder Kauf einer Immobilie zur Selbstnutzung. So bekommen zum Beispiel Personen, die ein bestimmtes Einkommen nicht überschreiten in Bayern einen Zuschuss von 10.000 Euro für den Kauf einer Immobilie, vorausgesetzt die Person lebt oder arbeitet seit mindestens einem Jahr in Bayern. Diese Förderung nennt sich „Bayrische Eigenheimzulage".

In meiner aktiven Beraterzeit habe ich viel mit Förderbanken zusammengearbeitet. Leider machen das nicht alle Vermittler, da die Förderbanken wenig bis gar keine Provisionen bezahlen. Meine Vorgehensweise war seinerzeit so, dass ich das meinen Kunden offengelegt habe. Wenn nennenswerte Finanzierungssumme (also 100.000 Euro und mehr) über einen Förderbank abgewickelt worden sind, habe ich mit dem Kunden eine Beratungsgebühr hierfür vereinbart. Dadurch waren beide Seiten glücklich:

Der Kunde, weil er gigantisch günstige Konditionen (im Vergleich zu anderen Angeboten) bekommen hat und ich, weil es sich dennoch betriebswirtschaftlich für mich gelohnt hat. Denken Sie bitte auch als Kunde daran: Ihr Vermittler/Berater lebt davon, mit Ihnen (oder anderen) ein Geschäft zu machen. Er ist nicht ehrenamtlich tätig.

Je offener über das Thema Geld und Verdienst gesprochen wird, desto mehr werden Sie als Kunde großartige Angebote bekommen. Wenn Sie als Kunde bereit sind, für die Dienstleistung des Beraters zu zahlen, ist dieser nicht mehr davon abhängig, ob das gewählte Kreditinstitut vernünftige Provisionen zahlt.

9. Finanzierungsgestaltung in der Praxis

Nun haben Sie schon viel theoretisches Hintergrundwissen erhalten. Damit das Thema Finanzierungen etwas greifbarer wird, erhalten Sie in diesem Kapitel einige Beispiel-Finanzierungslösungen.
Jede Finanzierung ist individuell und wie bereits mehrfach erwähnt hängt die richtige Finanzierungslösung nicht nur von Ihren Wünschen, Zielen und Vorstellungen ab, sondern auch von Ihrer Bonität (= finanzielle Leistungsfähigkeit) und vom Objekt. Nicht jedes Objekt wird auch von jeder Bank finanziert. Auch das Thema Bonität spielt eine wichtige Rolle. Pauschal kann man sagen, je weniger Eigenkapital Sie haben, desto weniger Banken kommen in Frage.
Ob Sie ein Darlehen erhalten hängt des Weiteren davon ab, wie hoch Ihre Einnahmen und Ausgaben sind. Auch die Anzahl an Krediten spielt eine große Rolle.
Wenn Sie auf der einen Seite zwar hohe Einnahmen, auf der anderen Seite jedoch mehrere Ratenkredite und/oder kein Eigenkapital zur Verfügung haben, dann wird es schon schwierig mit einer Finanzierungszusage. Die Frage, die sich ein Kreditprüfer dann stellt, ist:
„Wenn die Einnahmen so hoch sind, warum konnte es der Kunde nicht schaffen, Eigengeld anzusparen?" oder „Warum hat der Kunde trotz der hohen Einnahmen so viele Ratenkredite? Der scheint mit seinem Geld nicht auszukommen".
In Bankenjargon wird auch von materieller und persönlicher Kreditwürdigkeit gesprochen.
Bei der materiellen Kreditwürdigkeitsprüfung geht es um Zahlen, Daten und Fakten.
Die materielle Bonität steht unter der Frage: „Können Sie als Kunden von Ihren Einnahmen und Ausgaben her einen Kredit ordnungsgemäß zurückzahlen?". Es wird also ihre dauerhafte finanzielle Leistungsfähigkeit geprüft.
Bei der persönlichen Bonität werden andere Kriterien angeschaut, z. B. Haben Sie häufiger ihr Konto überzogen? Sind Lastschriften zurückgegangen? Wie war Ihr bisheriges Zahlungsverhalten? Wie zuverlässig sind Sie (werden beispielsweise Vereinbarungen eingehalten)? Es werden bei der persönlichen Bonität aber auch Dinge geprüft wie Ihre berufliche Qualifikation und Berufserfahrung, häufige Wechsel des Arbeitgebers, Stellung des Arbeitgebers (Insolvenzgefahr?) und vieles mehr.

Auch die Einholung einer Schufa-Auskunft gehört zu der persönlichen Bonität.

Bei manchen Banken gibt es genaue Regularien, zum Beispiel:
- Mindestbeschäftigungsdauer bei einem Arbeitgeber.
- Maximal eine bestimmte Anzahl an Ratenkrediten darf vorhanden sein.
- Es werden nur Kredite an Menschen im Arbeitnehmerverhältnis vergeben.
- Bei anderen Banken werden zwar Selbstständige finanziert, die Selbstständigkeit muss jedoch seit einer bestimmten Anzahl an Jahren bestehen (meistens müssen drei Jahresabschlüsse vorgelegt werden können).
- Bestimmte Objekte werden nicht finanziert (zu groß, zu klein, zu alt, zu weit von der nächsten Stadt entfernt etc.).

Doch schauen wir uns nun ein paar Finanzierungsdetails genauer an.

9.1 Berechnung der Finanzierungssumme

Wie setzt sich die Finanzierungssumme zusammen?
Die Rechnung ist im Grunde genommen einfach:
Kaufpreis zuzüglich aller Kaufnebenkosten abzüglich Eigenkapital.

Komplizierter wird es bei einem Neubau oder wenn Sanierungsmaßnahmen mitfinanziert werden sollen. Dann müssen die Kosten genau kalkuliert werden.

Leider sind nur wenige Banken so flexibel und bauen einen finanziellen Puffer mit ein, bei dem es egal ist, ob Sie ihn abrufen oder nicht.

Kompliziert wird es oft sowohl, wenn Sie zu viel, also auch wenn Sie zu wenige Darlehen aufnehmen.

Variante 1:
Am Ende des Bauprojekts/eines Sanierungsvorhabens fehlt noch Geld und Sie müssen einen weiteren Kredit aufnehmen.
Das kann teuer werden, da Sie diesen Kredit nicht zu den Konditionen des Hauptkredites erhalten werden.

Grund 1: Er muss im Grundbuch nachrangig abgesichert werden
Grund 2: Dieser zusätzliche Kredit ist bei der Prüfung des Beleihungsauslaufs nicht mit berücksichtigt worden.
Grund 3 (Achtung, Vermutung!): Es ist für Banken ein lukratives Geschäft. Sie brauchen dringend diesen Kredit, sind quasi in einer „Notsituation" und werden mit teuren Zinsen bestraft.

Variante 2:
Sie haben einen (viel) zu hohen Kredit abgeschlossen. Das kann im Extremfall dafür sorgen, dass der Zins für den gesamten Vertrag abgeändert werden kann (ich habe es in der Praxis ein Mal erlebt). Beispiel: Sie kalkulieren mit Gesamtkosten von 400.000 Euro (inklusive Grundstück) für einen Neubau. Mal angenommen, dieses entspricht auch dem Beleihungswert des Objektes. Sie finanzieren 320.000 Euro, also 80 %. Nun geben Sie aber insgesamt keine 400.000 Euro aus, sondern vielleicht nur 380.000 Euro.
Da die Bank die Kondition auf Grundlage eines Beleihungswertes von 400.000 Euro gemacht hat, Sie aber nur 380.000 Euro ausgegeben haben, muss die Bank den Beleihungswert ändern. Wenn die Bank nun den Beleihungswert auf 380.000 Euro reduziert, haben Sie bei 320.000 Euro Kreditsumme nun einen Beleihungsauslauf von 84 %. Das könnte sich negativ auf den Zins auswirken. Achtung: Dieses ist natürlich ein Worst-Case-Szenario. Es gibt oft Möglichkeiten, hier gegenzusteuern. Doch das besprechen Sie bitte im Einzelfall mit ihrem Finanzierungsberater.

Kommen wir zu den einfacheren Fällen zurück und schauen wir uns zunächst ein paar Nebenkosten an, die bei dem Kauf einer Immobilie anfallen bzw. anfallen können.

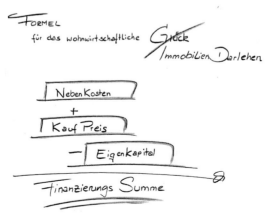

Kosten, die Sie stets berücksichtigen müssen:
- Grunderwerbsteuer, je nach Bundesland 3,5 bis 6,5 % auf den Kaufpreis der Immobilie. Wenn Sie nur ein Grundstück (ohne Bauträger bzw. ohne dazugehöriges Bauprojekt) kaufen, dann zahlen Sie die Grunderwerbsteuer nur auf das Grundstück. In dem Moment, wo Sie direkt mit dem Grundstück auch ein damit verbundenes Bauprojekt kaufen (zum Beispiel beim Kauf über einen Bauträger), zahlen Sie die Grunderwerbsteuer auf die gesamte Kaufsumme, also auf Grundstück und den Bau.
- Notar- und Gerichtskosten ca. 1,5 bis 2 %. Notar und Gerichtskosten fallen für den Notartermin als solches an, für die Löschung des alten Eigentümers, für die Eintragung des neuen Eigentümers, für die Eintragung einer Grundschuld und für eventuell sonstige Eintragungen wie beispielsweise eine Auflassungsvormerkung (= Eigentumsvormerkung). Wenn Sie mit einem Notaranderkonto oder einem Treuhandkonto arbeiten, dann fallen hierfür auch noch Kosten an. Die Höhe der Notar- und Gerichtskosten, die auf die Kosten für eine Grundschuldeintragung entfallen, hängt von der Höhe der Grundschuld ab. Aus diesem Grunde wird pauschal mit 1,5% bis 2 % Notar- und Gerichtskosten gerechnet. Wenn Sie die genauen Kosten ermitteln wollen, geben Sie bei Google zum Beispiel „Grundbuchrechner" oder „Grundschuldrechner" ein. Unter diesen Stichpunkten finden Sie sehr gute und genaue Rechner.

Kosten, die häufig anfallen:
- Maklerkosten, je nach Bundesland 3 bis 6 % zuzüglich Mehrwertsteuer, als 3,57 % bis 7,14 % inklusive Mehrwertsteuer. Wie hoch die Maklerkosten sind, hängt vom jeweiligen Bundesland und vom Makler ab. Wenn Sie beispielsweise um die 3 % Maklerkosten als Käufer bezahlen sollen, können Sie davon ausgehen, dass auch der Verkäufer 3 % bezahlt. Die Maklerkosten werden also auf Käufer und Verkäufer verteilt. In anderen Bundesländern zahlt entweder der Käufer oder der Verkäufer die Maklercourtage. Wenn der Verkäufer sie zahlt, ist es für Sie als Käufer unerheblich. Manchmal erfahren Sie dieses noch nicht einmal, weil es ein privatrechtlicher Vertrag zwischen dem Verkäufer und dem Makler ist. Wenn Sie als Käufer die Maklercourtage tragen, dann liegt diese aktuell bei 5,95 % oder 6,95 % inklusive Mehrwertsteuer. Eine Maklercourtage von mehr als 6 % zuzüglich Mehrwertsteuer ist eher unüblich, jedoch gibt es keine gesetzliche Regelung hierfür.

Apropos gesetzliche Regelung. Die Bundesregierung einigte sich im August 2019 darauf, dass sich Käufer und Verkäufer bei selbstgenutzten Immobilien zukünftig die Maklercourtage teilen sollen. Dieser Gesetzentwurf muss zum Zeitpunkt der Drucklegung dieses Buches jedoch noch das parlamentarische Verfahren durchlaufen. Mit Einführung dieser neuen Regelung wird nicht vor Mitte 2020 gerechnet.

Individuelle Kosten:
- Sanierungs-/Modernisierungskosten
- Ausstattungsstandards verändern, zum Beispiel neue Küche, neue Auslegeware etc.
- Umzugskosten
- Kosten durch Doppelbelastung (Miete auf der einen Seite, Finanzierungskosten auf der anderen Seite, wenn es Überschneidungen gibt)
- Bereitstellungszinsen

Exkurs Notaranderkonto/Treuhandkonto:
Manchmal ist ein Notaranderkonto oder ein Treuhandkonto zwingend erforderlich.

Beispiel:
Sie möchten ein Haus kaufen und müssen dafür 200.000 Euro Darlehen aufnehmen.
Ihre Bank (Bank A) möchte dafür eine Grundschuld über 200.000 Euro in das Grundbuch eintragen lassen. Dieses muss natürlich vor Auszahlung geschehen, da die Bank ansonsten keinerlei Sicherheiten hat.
Mal angenommen, der Verkäufer hat noch ein Restdarlehen von 100.000 Euro laufen, welches ebenfalls im Grundbuch abgesichert ist. Die Bank des Verkäufers (Bank B) möchte zunächst die 100.000 Euro Rückzahlung haben, bevor sie die Genehmigung zur Grundschuldlöschung erteilt.
Wir haben hier eine Patt-Situation:
Bank A zahlt nicht aus, solange sie nicht erstrangig im Grundbuch eingetragen ist.
Der erste Rang im Grundbuch ist jedoch von Bank B belegt. Diese erteilt jedoch keine Genehmigung zur Löschung, bevor nicht das Darlehen zurückgezahlt wurde.

Variante 1: Irgendwoher werden 100.000 Euro „gezaubert", damit das Darlehen von der Bank B zurückgezahlt wird. Diese Variante ist in den meisten Fällen absolut unrealistisch.

Variante 2: Die Finanzierungssumme von Bank A, also die 200.000 Euro werden auf ein Notaranderkonto oder ein Treuhandkonto gezahlt. Sobald das Geld ausgezahlt wurde, gibt der Notar (oder die Bank, bei der das Treuhandkonto läuft) „grünes Licht" für Bank B. Diese kann nun sicher gehen, dass das Darlehen zurückgezahlt wird, denn das Geld liegt auf dem Konto. Daraufhin erteilt sie die Genehmigung zur Löschung der Grundschuld.

Die Grundschuld von Bank B wird gelöscht, Bank A kann ihrerseits eine Grundschuld eintragen lassen und das Geld wird entsprechend freigegeben, so dass der Verkäufer und seine Bank es ausgezahlt bekommen können.

9.2 Finanzierungsgestaltung für Eigennutzer

Welche Fragen Sie sich im Vorfeld stellen sollten, haben Sie schon am Anfang dieses Buches lesen können. Sie sollten sich darüber bewusst werden, welche Kriterien Ihnen wichtig sind, so zum Beispiel:
- Länge der Zinsbindung
- Wie viel Eigengeld kann/soll eingebracht werden?
- Wie hoch darf/kann die Rate sein?
- Eventuelle Sondertilgungs- oder Ratenveränderungsoptionen
- Einbindung von eventuellen Förderungen
- Und vieles mehr (siehe auch Kapitel 3.1.)

Grundsätzlich gilt:
Zinsen sind beim Eigennutzer echte Kosten und zwar in voller Höhe! Je schneller Sie das Darlehen tilgen, umso günstiger wird Ihre Immobilie unter dem Strich, denn Sie zahlen nicht nur den Kaufpreis, sondern auch die Zinsen.

Auf der anderen Seite vergessen Sie bitte niemals, dass Sie auch noch einen gewissen Lebensstandard haben möchten. Ich

habe leider einige Familien erlebt, bei denen das Traumhaus irgendwann zum Alptraumhaus wurde, weil sie sich ein zu großes finanzielles Gefängnis gebaut haben. Ich nenne es gerne das Geld-Zeit-Gefängnis. Je höher die Verschuldung ist und je höher die zu zahlenden monatlichen Raten sind, umso weniger Möglichkeiten bleiben Ihnen (je nach Einkommenshöhe und Rücklagen), um beispielsweise die Arbeitszeit mal zu reduzieren, in einen anderen Job zu wechseln, sich selbständig zu machen oder sich auch einfach mal einen teureren Urlaub zu leisten.

Wenn neben der Belastung für das Haus vielleicht noch unerwartet Kredite aufgenommen werden (für beispielsweise anfallende Heizungs- oder Dachreparaturen), umso enger wird das Budget. Im Zweifel müssen Sie mehr arbeiten oder an den monatlichen Konsum-Ausgaben sparen.

Die monatliche Rate sollte also gut kalkuliert werden. Meine Empfehlung ist stets, auch eine Sondertilgungsoption mit einzubauen, damit das Darlehen auch unregelmäßig zurückgezahlt werden kann und nicht nur durch die laufenden monatlichen Raten.

Wenn Sie eine Immobilie für die Eigennutzung kaufen, dann können Sie auf jeden Fall das KFW-Wohneigentumsprogramm in Höhe von 50.000 Euro mit einschließen. Bei einem Neubau oder eventuellen energieeffizienten Sanierungen gibt es weitere KFW-Darlehen (siehe Kapitel 8).

Für das Hauptdarlehen bieten sich im eigengenutzten Bereich sowohl das Annuitätendarlehen, also auch eine Bausparfinanzierung an.

Das Annuitätendarlehen ist der Klassiker und im Vergleich zur Bausparvariante in jedem Fall günstiger, da das Darlehen ab der ersten Rate getilgt wird (vorausgesetzt, beide Varianten rechnen mit dem gleichen Sollzinssatz). Da bei einer Bausparfinanzierung in den ersten zehn bis 15 Jahren die Tilgung in einen Bausparvertrag gezahlt wird (und nicht direkt zur Darlehenstilgung genutzt wird), zahlt ein Kunde in dieser Variante zusätzlich zu den Abschlussgebühren auch noch mehr Zinsen.

Wann lohnt sich dennoch die Bausparvariante?
Im Grunde genommen steht es im letzten Absatz schon drin. Sie lohnt sich vor allem dann, wenn der Durchschnitts-Sollzins günstiger ist, als bei einem Annuitätendarlehen. Dieses kommt vor allem bei langfristigen, sicherheitsorientierten Finanzierungen vor. Wenn Sie beispielsweise eine Zinssicherheit von 30 oder mehr Jahren wünschen, dann ist Bausparen unter dem Strich oft die günstigere Variante, als ein Annuitätendarlehen mit einer sehr langen Zinsbindung.

Am besten vergleichen Sie diese beiden Finanzierungsvarianten über die Berechnung der (voraussichtlichen) Gesamtkosten.

Unabhängig von der rein wirtschaftlichen Betrachtung sollten Sie die Vor- und Nachteile beider Finanzierungsvarianten abwägen (siehe Kapitel 7)

Sie sollten auch individuell prüfen, ob die Einbindung der Riester-Förderung für Sie in Frage kommt oder nicht.

Riester hat viele Vor- aber auch viele Nachteile. Im Bereich der Immobilienfinanzierung ist es ein recht komplexes Thema, welches für sich schon mehrere Kapitel füllen könnte.

Da keine pauschale Aussage getroffen werden kann, ob Riester für Sie gut oder schlecht ist, empfehle ich zu diesem Thema eine individuelle Beratung in Anspruch zu nehmen.

Übrigens: Sie werden feststellen, dass viele Vermittler/Berater beim Thema Riester nicht sattelfest sind. Lassen Sie sich nicht mit pauschalen Aussagen wie „Wohnriester ist sowieso Mist" abspeisen. Es hat durchaus seine Berechtigung und wie bei jedem Produkt gibt es Vor- und Nachteile hierzu.

Kleiner persönlicher Hinweis von mir (hier sind andere sicherlich anderer Meinung):
Meine Lieblings-Riester-Variante ist, dass Sie die Riester-Förderung in einen Riester-Bausparvertrag zahlen. So können Sie auf der einen Seite die Riester-Förderung nutzen und haben auf der anderen Seite während der Ansparphase noch nicht die komplizierten Regularien der Riester-Darlehen zu beachten.
Doch wie weiter oben schon geschrieben: Das Thema Wohnriester (in Form von Darlehen) ist komplex und ich empfehle hier eine individuelle Beratung.

9.3 Finanzierungsgestaltung für Kapitalanleger

Bei einem Kapitalanleger ist eine der ersten Fragen: Soll die Finanzierung so gestaltet werden, dass Sie möglichst lange die Zinsen als Werbungskosten geltend machen können?
Oder möchten Sie in erster Linie Kapital (zum Beispiel für die Rente) aufbauen?
Wenn Sie die vermietete Immobilie auch aus steuerlichen Gründen finanzieren möchten, dann sollten einige Dinge beachtet werden.
Bei einem Annuitätendarlehen sinkt, wie schon mehrfach geschrieben, jeden Monat der Zinsanteil leicht. Das bedeutet, dass jedes Jahr ein geringerer Zinsanteil als Werbungskosten abgesetzt werden kann.

Von daher bietet sich hier bei vielen Kapitalanlegern die Variante Zinszahlungsdarlehen (Darlehen gegen Tilgungsaussetzung) an.
Während der Zinsbindungsfrist werden nur die Zinsen auf das Darlehen gezahlt. Die Tilgung erfolgt über einen separaten Vertrag (je nach Kundenwunsch können hier ein Bausparvertrag, ein Investmentsparvertrag, Sparguthaben, eine Versicherung oder sonstige Guthaben genutzt werden).

Manchmal werden Objekt gemischt genutzt, so zum Beispiel beim Thema Doppelhaushälfte, wenn eine Seite selbst genutzt und die andere vermietet werden soll.
Hier empfehle ich zwei separate Kreditverträge, einen anteilig für die vermietete und den anderen anteilig für die selbstgenutzte Immobilie. Das Eigenkapital und sollte rechnerisch auf den selbstgenutzten Anteil verteilt werden.

Wenn Sie einen Kreditvertrag für beides zusammen abschließen, dann teilt das Finanzamt das Eigenkapital bzw. die Finanzierungssumme anteilig auf. Warum tut das Finanzamt das?
Zinsen für Darlehen sind nur dann absetzbar, wenn die Immobilie vermietet wird, niemals bei Eigennutzung.

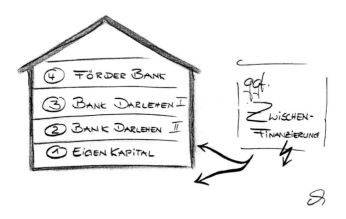

Beispiel: Sie kaufen ein Doppelhaus. Der Einfachheit und der Verständlichkeit halber hat dieses Haus nur 100 qm Wohnfläche (ist halt ein Mini-Doppelhaus).
60 qm (also 60 %) werden selbst genutzt, 40 qm (also 40 %) werden vermietet.
Die Kaufnebenkosten bleiben (ebenfalls der Einfachheit und Verständlichkeit halber) an dieser Stelle unberücksichtigt, wir tun so, als ob diese aus Eigengeld bezahlt worden sind. Weiter hinten im Buch erhalten Sie noch einen kleinen Exkurs zum Thema steuerliche Absetzbarkeit von Kaufnebenkosten.
Mal angenommen, das Haus kostet 130.000 Euro und Sie müssen 100.000 Euro finanzieren.
Wenn Sie nun einen einzigen Darlehensvertrag für beides machen, dann teilt das Finanzamt das Darlehen auf: 40 % des Darlehens, also 40.000 Euro entfallen auf den vermieteten Teil. Die anteiligen Zinsen für diese 40.000 Euro können dann als Werbungskosten abgesetzt werden.
Aus steuerlicher Sicht geschickter wäre folgende Vorgehensweise (Hinweis: Ich bin keine Steuerberaterin und dieses ist keine steuerliche Beratung. Bitte sprechen Sie den Einzelfall mit ihrem Steuerberater durch.):

Der Kaufpreis beträgt 130.000 Euro und Sie wollen 30.000 Euro Eigenkapital einsetzen.

Vom Kaufpreis entfallen 60 %, also 78.000 Euro auf den selbst genutzten Teil des Hauses. Die restlichen 40 %, also 52.000 Euro entfallen auf den vermieteten Teil.

Das Eigengeld, also 30.000 Euro werden auf den selbstgenutzten Teil angerechnet, so dass sich hier eine

Finanzierungssumme von 48.000 Euro ergibt (78.000 Euro anteiliger Kaufpreis abzüglich 30.000 Euro Eigengeld).
Die restliche Finanzierungssumme von 52.000 Euro entfällt nun auf den vermieteten Anteil.
Somit kann ein wesentlich höherer Anteil an Zinsen als Werbungskosten abgesetzt werden.

Zum Vergleich:
Ohne genaue Aufteilung waren die Zinsen aus 40.000 Euro steuerlich absetzbar, mit der genauen Aufteilung sind es die Zinsen aus einem Darlehen von 52.000 Euro.

Übrigens: Sie müssen selbstverständlich hierfür keine zwei Kaufverträge abschließen. Es ist nach wie vor eine Immobilie mit einem Kaufpreis. Von Bankenseite aus wird es auch oft mit ein und derselben Grundschuld abgesichert, in diesem Fall eine Grundschuld über 100.000 Euro.

Konnten Sie mir bis hierhin folgen?

Dann kommen wir jetzt zur Darlehensgestaltung.

In das Darlehen für den eigengenutzten Teil zahlen Sie einen möglichst hohen Tilgungsanteil. Ideal ist hier oft ein Annuitätendarlehen, beispielsweise mit 10 Jahren Zinsbindung.

Für die vermietete Seite bietet sich ein Darlehen mit Tilgungsaussetzung an, ebenfalls mit zehn Jahren Zinsbindung. Die Tilgung fließt zum Beispiel in einen Bausparvertrag. Da der Darlehensanteil für diese Hälfte 52.000 Euro beträgt, wird auch der Bausparvertrag in entsprechender Höhe abgeschlossen.
Wenn Sie nun einen Bausparvertrag mit 40 % Ansparung vereinbaren, dann haben Sie nach zehn Jahren ein Guthaben von 20.800 Euro und einen Darlehensanspruch von 31.200 Euro.

Aus steuerlicher Sicht bietet es sich nun an, das Guthaben (oder einen Teil des Guthabens) dafür zu nutzen, die selbstgenutzte Hälfte weiter zu entschulden. Somit können bis zu 20.800 Euro in das Darlehen für die selbstgenutzte Seite verwendet werden und für die vermietete Seite wird ein neues Darlehen vereinbart.

Für welchen Teil des Hauses das Bauspardarlehen verwendet wird, hängt dann von den Marktzinsen in zehn Jahren ab.

Bitte erlauben Sie mir noch folgenden Hinweis:
Damit Zinsen überhaupt abgesetzt werden können, muss eine langfristige Gewinnerzielungsabsicht erkennbar sein. Reine Steuersparmodelle ohne Gewinnabsicht sind aus steuerlicher Sicht nicht erlaubt.

An dieser Stelle möchte ich nochmal betonen, dass Sie dieses bitte individuell mit einem Steuerberater besprechen. Ich diene hier nur als Ideengeberin.

Exkurs AfA:
Nicht nur die anfallenden Zinsen können als Werbungskosten abgesetzt werden, sondern auch die jährliche AfA (Absetzung für Abnutzung). Für Standard-Wohnimmobilien (also kein Denkmalschutz, kein Sanierungsgebiet etc.), welche nach dem 31.12.1924 erstellt worden sind gilt 2 % AfA pro Jahr.

Doch worauf genau werden diese 2 % gerechnet?
Für die Berechnung der AfA können folgende Kosten als Grundlage genommen werden:
- *Der anteilige Kaufpreis für das Gebäude (also ohne Grundstück, das muss genau berechnet werden)*
- *Die anteiligen Kaufnebenkosten auf das Gebäude (also Grunderwerbsteuer, Notar- und Gerichtskosten für die Beurkundung des Kaufvertrags und die Eigentumseintragung im Grundbuch, sowie die Maklerkosten)*

Achtung: Kosten, die auf das Grundstück entfallen, können bei der Berechnung der AfA nicht berücksichtigt werden.

Von der Summe des Kaufpreises des Gebäudes (ohne Grundstück) und der anteiligen Kaufnebenkosten für das Gebäude werden die 2 % berechnet, die als jährliche Werbungskosten (AfA) in der Steuererklärung angegeben werden können.

Nicht in die Berechnungsgrundlage der AfA fallen alle Kosten, die mit der Finanzierung zu tun haben, also auch keine Kosten für die Eintragung der Grundschuld (hierzu mehr im nächsten Kästchen).

Die 2 % Abschreibung gelten immer ab Kaufdatum, unabhängig vom Baujahr (für Gebäude, die nach dem 31.12.1924 erstellt worden sind, siehe auch § 7 EStG)

Exkurs Absetzbarkeit sonstiger Kosten:
Alle Kosten, die im Zusammenhang mit der Finanzierung und der Finanzierungsbeschaffung für vermietete Immobilien entstehen, können im Jahr des Erwerbs als Werbungskosten angegeben werden, so zum Beispiel:
- *Kosten für die Beantragung und Eintragung der Grundschuld*
- *Bearbeitungsgebühren des Kreditinstituts oder des Finanzierungsvermittlers*
- *Agio/Disagio (Erläuterung siehe Glossar)*
- *Abschlussgebühren*

Diese Kosten können, anders als bei der Berechnung der AfA-Bemessungsgrundlage, komplett abgesetzt werden. Hier muss also nicht geschaut werden, wie hoch der Anteil für das Gebäude und wie hoch der Anteil für das Grundstück ist.

Des Weiteren können beispielsweise folgende Kosten abgesetzt werden:

- Kosten für die Fahrten zur Immobilie (z.B. zum Besichtigungstermin)

- Anwaltskosten (zur Beratung zum Thema Kaufvertrag)

- Steuerberatungskosten (die mit dem Kauf der Immobilie zu tun haben)

- Und andere Kosten, die im Zusammenhang mit dem Erwerb der Immobilie stehen (außer der Kosten, welche in die AfA-Bemessungsgrundlage mit einfließen). Auch hier fragen Sie im Zweifel Ihren Steuerberater.

10. Einzureichende Unterlagen bei der Bank

Die Immobilie ist gefunden und eine passende Finanzierung ebenso. Wie geht es denn nun weiter?
Als erstes werden Sie eine lange, lange Liste von Unterlagen erhalten. Bei einigen Unterlagen ist es den meisten Menschen sofort klar, warum diese eingefordert werden. Bei anderen Unterlagen kommt es einem manchmal vor wie Schikane. Doch jede einzureichende Unterlage hat ihren Sinn.

Schauen wir uns die wichtigsten Unterlagen einmal an:

Bonitätsunterlagen (Unterlagen zur Prüfung Ihrer Kreditwürdigkeit):

Die letzten drei Gehaltsabrechnungen	Wie hoch ist Ihr Einkommen und wie setzt es sich zusammen (Festgehalt, Provisionen, Spesen etc.)? Des Weiteren kann man auf den Gehaltsabrechnungen erkennen, seit wann Sie beim aktuellen Arbeitgeber beschäftigt sind, wie viele Kinder auf Ihrer Lohnsteuerkarte stehen, ob vielleicht schon eine Kündigung ausgesprochen wurde (dann steht das als Ende der Beschäftigungszeit auf der Abrechnung) und einiges mehr.
Dezember-abrechnung des Vorjahres oder Lohnsteuerbescheinigung	Wie hoch waren Ihre Gesamteinkünfte im Jahr vor der Beantragung des Darlehens? Sollten die letzten drei Gehaltsabrechnungen einen Jahreswechsel beinhalten, dann wird die Dezemberabrechnung bzw. Lohnsteuerbescheinigung des davor liegenden Jahres angefordert. Beispiel: Die letzten drei Gehaltsabrechnungen sind die Abrechnungen 12.2019, 01.2020 und 02.2020, dann wird die Dezemberabrechnung bzw. Lohnsteuerbescheinigung aus 2018 mit angefordert.
Letzter vorliegender Einkommenssteuerbescheid	Auf einem Einkommensteuerbescheid ist ersichtlich, ob es weitere Einkünfte (oder Verluste) gibt. Warum kann das wichtig sein? Mal angenommen, Sie haben noch ein Nebengewerbe laufen und das macht Verluste. Dann müssen diese Verluste durch die normalen Einkünfte ausgeglichen werden. Das bedeutet, dass weniger Geld für die Finanzierung zur Verfügung steht.
Nachweis Eigenkapital	Das Kreditinstitut muss sicher gehen, dass das angegebene Eigenkapital auch tatsächlich existiert. Sinnvoll ist es, Ihr gesamtes Eigenkapital offen zu legen, auch wenn es nicht in die Finanzierung mit eingebracht werden soll. Es zeigt der Bank, dass Sie auch finanziell schwierigere Zeiten überstehen können (weil Sie einen Puffer haben) oder das Geld für eventuelle spätere Instandhaltungsmaßnahmen zur Verfügung steht.
Kopien von anderen Kreditverträgen	Welche Zahlungsverpflichtungen haben Sie noch? Wie hoch ist die zu zahlende Rate? Bis wann läuft das Darlehen? Gibt es nach Ablauf der Zinsbindungsfrist/des Darlehens noch eine Restschuld? Oft ist bei Autofinanzierungen am Ende der Darlehenszeit noch eine gewisse Summe offen (Solche Finanzierungen werden auch „Ballonfinanzierungen" genannt. Der Kunde zahlt eine verhältnismäßig geringe Rate, hat aber am Ende eine hohe Restrate zu zahlen).
Letzter Jahreskontoauszug des Darlehens	Wie hoch war die Restschuld am Ende des letzten Jahres? Stimmt diese Restschuld mit der kalkulierten Restschuld laut Vertrag überein oder gab es ggf. mal Zahlungsschwierigkeiten? Kamen eventuell sogar Lastschriftrückläufer vor? Wurden die Raten regelmäßig gezahlt?
Bei Selbständigen: Die letzten drei BWA und die letzten drei Jahresabschlüsse	BWA steht für betriebswirtschaftliche Auswertungen. Je nach Größe und Umsatz des Unternehmens muss diese monatlich oder quartalsweise erstellt werden. Einzelunternehmer machen häufig nur eine Einnahmen-Überschussrechnung. Eine Bank möchte grundsätzlich über die aktuellsten Zahlen informiert sein, deswegen reichen die Jahresabschlüsse häufig nicht aus. Die aktuellen Einkünfte des Unternehmens können der BWA entnommen werden. Deswegen seien Sie bitte als Selbständiger mit Ihren Auswertungen auf dem Laufenden, bevor Sie einen Termin für ein Finanzierungsgespräch vereinbaren.

Objektunterlagen:

Exposé	Beschreibung des Objektes inklusive Fotos. Sind keine oder zu wenig Fotos im Exposé, müssen diese häufig nachgeliefert werden. Die Bank möchte in der Regel sowohl Innen- als auch Außenfotos haben. Manche Banken wollen auch ein Foto von der Heizungsanlage sehen. Sie können sich auf Grund der Fotos ein Bild darüber machen, wie gepflegt das Gesamtobjekt ist.
Grundrisse, Schnitte	Auf dem Grundriss sieht man die Raumaufteilung, auf dem Schnitt beispielsweise die Deckenhöhen und welche Art von Haus es ist. Es dient zur Objektbewertung. Auf dem Grundriss ist beispielsweise erkennbar, ob es „gefangene Räume" gibt, also Zimmer, die nur über einen anderen Raum erreichbar sind (Diese Räume werden dadurch zum Durchgangszimmer). Wie groß oder klein sind die Räume? Wie gut lässt sich ein Haus mit diesem Grundriss im Zweifel wieder verkaufen?
Wohnflächenberechnung und Berechnung umbauter Raum (Kubator)	Auch diese Unterlagen dienen der Objektbewertung. Liegen sie nicht vor, müssen sie erstellt werden. Gerade bei älteren Objekten fehlen diese Unterlagen oft. Es gibt unterschiedliche Verfahren der Objektbewertung. Insbesondere bei den unterschiedlichen Ansätzen im Sachwertverfahren werden diese Unterlagen zwingend benötigt. Bei Eigentumswohnungen muss normalerweise keine Kubator-Berechnung (umbauter Raum) eingereicht werden.
Baubeschreibung	Aus der Baubeschreibung gehen die Bauweise und die Materialien hervor, die beim Haus verwendet wurden oder werden. Diese ist nicht nur bei Neubauten erforderlich, sondern auch bei Bestandsimmobilien. Manche Banken behelfen sich bei fehlender Baubeschreibung mit einem Fragebogen auf dem verschiedene Dinge abgefragt werden (zum Beispiel Dachform, Heizungsart, wie sind die Badezimmer gefliest, welche Art von Fußböden sind vorhanden und vieles mehr).
Flurkarte, Lageplan	Wo genau liegt das Grundstück? Wie liegt es im Verhältnis zu den anderen Grundstücken in der Nachbarschaft? Welche Art von Nachbarschaft ist da (Wohnbebauung, Gewerbe, Landwirtschaft etc.)? Wie ist das Grundstück geschnitten (quadratisch, länglich, dreieckig etc.)? Liegt es an der Straße oder muss ein anderes Grundstück überquert werden, um auf das eigene Grundstück zu kommen (dann: Klärung Wegerecht)? Diese und weitere Informationen kann man aus der Flurkarte und dem Lageplan erkennen.
Aktueller Grundbuchauszug	Dieser darf normalerweise nicht älter als drei Monate sein. Aus dem Grundbuchauszug sind zahlreiche Informationen ersichtlich. So zum Beispiel: Der aktuelle Eigentümer, Größe des Grundstücks, Nutzungsart, Nummer auf der Flurkarte, welche Rechte und Verpflichtungen mit dem Grundstück verbunden sind (Wegerechte, Wohnrechte, Leitungsrechte und vieles mehr). Des Weiteren kann man erkennen, ob es mal Zwangseintragungen gegeben hat (aufgrund von Zahlungsunfähigkeit) und man kann erkennen, welche Banken zum Zwecke der Finanzierung eingetragen sind.
Bestätigungen für eventuelle KFW-Darlehen	Je nachdem, welches KFW-Darlehen beantragt werden soll, müssen bestimmte Bescheinigungen eingereicht werden. Diese gibt es vom Bauleiter oder Architekten, je nachdem, wer die Bau-, Umbau- oder Sanierungsmaßnahmen begleitet.

Zusätzlich bei Neubauten	Bauvertrag, Werkvertrag, Auflistung aller Kosten, Auflistung von Eigenleistungen, Kopie der Baugenehmigung
Zusätzlich bei Eigentumswohnungen	Kopie der Teilungserklärung. Aus dieser geht hervor, wie viele Hauseingänge und wie viele Wohn- oder Gewerbeeinheiten zu dem Gesamtobjekt gehören. Es ist in der Teilungserklärung ersichtlich, wie viel Prozent bzw. Promille vom Grundstück zu jeder Einheit gehört. Es wird genau definiert, was gehört zum jeweiligen Sondereigentum, was zum Gemeinschaftseigentum und wer welche Sondernutzungsrechte hat.

Sonstige Unterlagen:

Kopie des Personalausweises	Legitimationspflicht. Alternativ zum Personalausweis kann auch eine Kopie des Passes in Kombination mit einer Meldebestätigung vorgelegt werden (zum Beispiel bei nicht vorhandenem oder abgelaufenem Personalausweis oder weil es sich bei dem Antragsteller nicht um einen deutschen Staatsbürger handelt).
Formular Selbstauskunft	Alle Angaben in übersichtlicher Form, also persönliche Angaben, Angaben zum Arbeitsverhältnis, Angaben zu weiteren Familienmitgliedern, Einnahmen und Ausgaben, Vermögen und Verbindlichkeiten, Objektdaten, Wünsche an die Finanzierung, sowie eine Übersicht, wie das Objekt insgesamt finanziert werden soll (wie viel Eigengeld wird eingesetzt, welche Darlehensarten sollen voraussichtlich genutzt werden etc.)
Datenschutz- und Schufa-Erklärung	Die Datenschutzerklärung muss zwingend unterschrieben werden, da die Bank ansonsten keinerlei Daten von Ihnen speichern darf. Die Schufa-Erklärung muss unterschrieben werden, da die Bank anderenfalls keine Schufa-Auskunft von Ihnen einholen darf.
Vorvertragliche Information	Erhalten Sie von Ihrem Berater oder Vermittler VOR Beantragung des Darlehens. Aus dieser Information geht hervor, mit wie vielen bzw. mit welchen Produktpartnern der Vermittler zusammenarbeitet und wie er sich finanziert. Ein Vermittler finanziert sich entweder durch Provisionen oder durch Beratungsentgelte und/oder Bearbeitungsgebühren. Manchmal gibt es auch eine Kombination aus beidem. In welcher Höhe gegebenenfalls ein Betrag von Ihnen zu bezahlen ist, das können Sie der vorvertraglichen Information entnehmen. Die vorvertragliche Information ist eine Pflichtunterlage und muss Ihnen von einem Vermittler ausgehändigt werden. Bei Banken erhalten Sie dieses oft in Kombination mit dem ESIS (dem sogenannten europäischen standardisierten Merkblatt, auf dem über Sie alle Details einer eventuellen Finanzierung informiert werden).
Darlehens-vermittlungsvertrag	Der Darlehensvermittlungsvertrag ist ebenfalls eine Pflichtunterlagen bei Vermittlern (jedoch nicht bei Banken). Mit dem Darlehensvermittlungsvertrag beauftragen Sie explizit den Vermittler, für Sie tätig zu werden. Ohne Darlehensvermittlungsvertrag darf ein Vermittler keinen Darlehensabschluss mit Ihnen vornehmen.

11. K.O.-Kriterien bei der Bank

Manche Finanzierungen sind einfach schwierig. Jedes Kreditinstitut agiert anders, jedes hat seine eigenen Richtlinien. Doch bei manchen Konstellationen gibt es nur wenige, bis gar keine Kreditinstitute, die diese Finanzierungen begleiten.

Ein paar Klassiker der Kreditablehnungen möchte ich Ihnen hier aufführen. Einige sind echte Klassiker, bei anderen schüttelt man als Verbraucher manchmal nur den Kopf.

Unterteilen möchte ich es in K.O.-Kriterien, die in der Person des Antragstellers zu finden sind und in Objekt-Kriterien. Als Faustformel können Sie sich folgendes merken:
Je mehr dieser Kriterien zusammenkommen, desto schwieriger wird es mit der Finanzierung.

Beispiele:
Je weniger Eigenkapital ein Kunde hat, desto schwieriger wird es mit der Finanzierung. Sie ist aber nicht von vornherein ausgeschlossen. Oder: Wenn jemand viele Ratenkredite laufen hat, dann kann das durchaus ein K.O.-Kriterium sein. Wenn dann jedoch die Einnahmen ausreichend sind und Eigenkapital in die Finanzierung eingebracht werden soll, dann sieht es durchaus schon wieder realistischer aus.

Wenn jedoch kein Eigengeld vorhanden ist und dann auch noch Ratenkredite hinzukommen, eine Küche mitfinanziert werden soll und das Ganze gleichzeitig ein Holzhaus ist, dann ist es nahezu ausgeschlossen. Bei einer solchen Konstellation fällt mir im aktuellen Marktumfeld keine Bank ein, die diese Finanzierung begleiten würde.

Grundsätzlich gilt: Jede Finanzierung ist individuell zu betrachten und manchmal gibt es kreative Lösungen.

Dennoch ist es gut zu wissen, was bei Banken eher zu einer Ablehnung der Finanzierung führt, um rechtzeitig gegenzusteuern (zum Beispiel einen Ratenkredit zurückzahlen).

Häufige K.O.-Kriterien bei der Bonität:
- Befristeter Arbeitsvertrag (Ausnahmen gibt es oft bei Berufsgruppen, in denen typischerweise Zeitverträge gemacht werden, zum Beispiel Zeitsoldaten)
- Probezeit ist noch nicht abgelaufen
- Seit weniger als sechs Monaten beim aktuellen Arbeitgeber beschäftigt
- Zeitarbeitsverträge
- Selbstständige Tätigkeit seit weniger als drei Jahren
- Aktuelle Zahlen (BWA, Jahresabschlüsse) von Selbstständigen liegen nicht vor
- Zu viele Ratenkredite (manchmal sind zwei Kredite schon zu viel)
- Zu hoher Verschuldungsgrad im Verhältnis zu den Vermögenswerten
- Negativer Schufa-Eintrag
- Lastschriftrückläufer in der Vergangenheit
- Kontokündigungen, Kreditkündigungen von Seiten eines Kreditinstituts
- Darlehenslaufzeiten, die über das 75. Lebensjahr hinausgehen

(Beispiel: Jemand im Alter von 50 Jahren möchte ein Darlehen mit 2 % Tilgung aufnehmen. Rechnerisch wird er das Darlehen beim Zinsniveau von Anfang 2020 erst nach 40 Jahren zurückgezahlt haben).

Häufige K.O.-Kriterien beim Objekt:
- Resthöfe
- Sehr alte, stark sanierungsbedürftige Gebäude
- Holzhäuser ohne sogenanntes Gütesiegel
- Immobilien, die auf einem privaten Erbpachtgrundstück (mehr Informationen hierzu im Kapitel 12) stehen
- Wohnungen, die weniger als 40 qm Wohnfläche haben
- Ein-Zimmer-Wohnungen
- Eine Wohnung, die in einem zu großen Objekt ist (Manche Banken finanzieren nur Eigentumswohnungen, wenn maximal 20 Gesamteinheiten vorhanden sind)
- Ferienobjekte oder andere Objekte, die nicht zur Dauernutzung genehmigt sind
- Unterlagen zur Beleihungswertermittlung fehlen und können nicht geliefert werden
- Objekt liegt zu weit außerhalb bzw. zu weit entfernt vom nächsten Ort
- Schwer wiederverkäufliche Objekte von der Lage her (z.B. Atomkraftwerk, Müllhalde oder ähnliches in der Nähe)
- „Liebhaberobjekte" – als Liebhaberobjekte werden Objekte bezeichnet, für die ein bestimmter Liebhaber gefunden werden muss (skurrile Raumaufteilung, ungewöhnliche Ausstattung), Leuchttürme, Wassertürme, Windmühlen etc.
- Mitfinanzierung einer Küche. Küche ist aus Bankensicht Mobiliar. Sie gehört aus Sicht der Bank nicht zum Objekt und stellt keinen Wert dar. Lediglich bei einigen wenigen Sparkassen und Volksbanken kann eine Küche mitfinanziert werden. In der Regel gilt: Diese muss aus Eigengeld bezahlt oder anderweitig finanziert werden (zum Beispiel über das Küchenstudio).

12. Grundlagen Grundbuchrecht

Dieses Kapitel soll Ihnen einen kurzen Überblick darüber geben, welche Informationen Sie aus dem Grundbuch erhalten können. Ich habe es immer wieder erlebt, dass Käufer sich nicht bewusst darüber waren, wie wichtig es ist, im Vorfeld alle Informationen aus dem Grundbuch zu erhalten. Vor allem Informationen, die in Abteilung II des Grundbuches stehen, können von enormer Wichtigkeit sein. Aus diesem Grunde möchte auch ein Kreditinstitut immer einen vollständigen Einblick in das Grundbuchblatt haben, bevor sie eine Finanzierungszusage erteilt.

Zunächst einmal unterscheiden wir das Grundbuch und das Grundbuchblatt. Ein Grundbuchauszug ist eine Kopie des Grundbuchblattes. Was dieses beinhaltet, erfahren Sie gleich.

Das Grundbuch selbst ist die vollständige Akte über das Grundstück beim Grundbuchamt.

Es beinhaltet alle Dokumente auf deren Grundlage Eintragungen im Grundbuch vorgenommen worden sind.

Des Weiteren enthält das Grundbuch auch das Grundbuchblatt, welches in Form eines Grundbuchauszugs von der Bank angefordert wird.

Der Grundbuchauszug ist also eine Kopie des Grundbuchblattes. Aufgeteilt ist es in fünf Abteilungen:

- die Aufschrift

- das Bestandsverzeichnis

- die Abteilungen I bis III

Welche Informationen finden Sie wo?
Hinweis: Es handelt sich hier nur über einen kurzen Überblick und hat keinen Anspruch auf Vollständigkeit. Ich konzentriere mich bei den Informationen auf die Dinge, die für eine Finanzierung relevant sein könnten. So fehlen beispielsweise im Bestandsverzeichnis nähere Erläuterungen zu Zu- und Abschreibungen (Grundstücksabtrennungen oder Zusammenlegungen) und in Abteilung II werden nur beispielhafte mögliche Eintragungen genannt, da dieses Buch nicht den Anspruch hat, ein Lehrbuch zum Thema Grundbuchrecht zu sein.

Die Aufschrift:

Bei der Aufschrift handelt es sich um das Deckblatt des Grundbuchauszugs. Hier finden Sie das zuständige Amtsgericht, den Bezirk, die Nummer des Bandes und des Blattes.
Im Zeitalter der Digitalisierung entfällt nach und nach die Bezeichnung des Bandes.
Um das Ganze bildlich zu verdeutlichen:
In der Zeit vor der Digitalisierung gab es im Grundbuchamt große Regale mit Aktenordnern.
Die Regale waren nach Bezirken sortiert. Innerhalb der Regale wurden die Ordner durchnummeriert (Band 1, Band 2, Band 3 u. s. w.).
Der zuständige Mitarbeiter ging also, wenn er einen Grundbuchauszug suchte, zu dem entsprechenden Regal und zog den entsprechenden Ordner (das Band) aus dem Regal hervor.
Nun klappte er den Ordner auf und musste nur noch das Blatt mit der gesuchten Nummer herausholen.
Inzwischen werden die Grundbuchauszüge elektronisch verwahrt, so dass eine Bandnummer im Grunde genommen überflüssig ist. Dennoch gibt es diese Bezeichnung nach wie vor auf sehr vielen Grundbuchauszügen.

Das Bestandsverzeichnis:

In dieser Abteilung finden Sie die Zahlen, Daten und Fakten über das Grundstück.
Sie finden hier die Flur und die Flurstücksnummer(n) des Grundstücks, die Nutzungsart (Wohngebäude, Landwirtschaft, Eigentumswohnung etc.) und die Größe des Grundstücks.
Des Weiteren werden im Bestandsverzeichnis Rechte eingetragen, die Ihnen zustehen, zum Beispiel ein Wegerecht, welches Sie nutzen können (wenn Sie beispielsweise ein anderes Grundstück überqueren müssen, um zu Ihrem Grundstück zu kommen) oder Sondernutzungsrechte bei Eigentumswohnungen (zum Beispiel Gartennutzung, Kellerräume etc.). Auch Leitungsrechte, die Ihnen zustehen finden Sie hier (wenn beispielsweise Ihre Versorgungsleitungen über ein anderes Grundstück geführt werden müssen).

> *Exkurs Flur und Flurstück:*
> *Als Flur bezeichnet man ein bestimmtes Gebiet mit mehreren Grundstücken. Eine Flur kann einen ganzen Bezirk umfassen oder auch nur einen Stadtteil.*
> *Das Flurstück ist die kleinste Einheit auf einer Flurkarte. Ein Grundstück kann aus einem oder mehreren Flurstücken bestehen.*
> *Durch die Angabe der Flur und der Flurstücke kann das Grundstück auf der Flurkarte genau zugeordnet werden.*

Abteilung I:

In der Abteilung I stehen der oder die Eigentümer eines Grundstücks und die Rechtsgrundlage der Eintragung.
Rechtsgrundlage der Eintragung kann beispielsweise ein Kauf, ein Erbe oder eine Schenkung sein. Auch andere Varianten, wie zum Beispiel Grundstückstausch oder Gewinn können möglich sein.
Wenn Sie eine Immobilie kaufen, dann heißt es in der Grundbuchsprache „Auflassung".
Der Text im Grundbuch heißt dann sinngemäß:
Eigentumseintragung aufgrund der Auflassung vom 15.04.2019, eingetragen am 17.06.2019.

Übersetzt bedeutet das:
Am 15.04.2019 hat der Notartermin stattgefunden.
Die Eigentumsumschreibung erfolgte am 17.06.2019.

Als neuer Eigentümer können Sie erst dann in das Grundbuch eingetragen werden, wenn Sie die Grunderwerbsteuer gezahlt haben und die Kaufpreiszahlung sichergestellt ist bzw. der Kaufpreis bereits gezahlt wurde.

Abteilung II:

In der Abteilung II finden Sie die sogenannten Lasten und Beschränkungen.
„Lasten" kann übersetzt werden mit Verpflichtungen.
Für „Beschränkungen" können Sie die Eselsbrücke „Schranke" und zwar in diesem Fall die geschlossene Schranke nehmen, denn das Grundbuch ist für den Grundstücksinhaber „dicht". Er kann selbst keine Einträge mehr vornehmen lassen.
Doch nun der Reihe nach:

Lasten:
Wenn Lasten in das Grundstück eingetragen werden, dann muss der Grundstückseigentümer mit irgendetwas „dienen". Das kann so etwas wie ein Wege- oder Leitungs- oder Wohnrecht sein, es kann aber auch mit Geld zu tun haben. So gibt es Eintragungen, bei denen der Grundstücksinhaber regelmäßig etwas zu liefern hat (Geld, Obst, Dienstleistungen etc.). Solche Art Eintragung, bei denen der Grundstücksinhaber etwas zu liefern hat, wird als Reallast bezeichnet.
Das Grundstück wird im Falle eines Wege- oder Leitungsrechtes auch als dienendes Grundstück bezeichnet. Das herrschende Grundstück ist das, welches von dem Recht Gebrauch machen kann (bei diesem Grundstück steht das Recht dann im Bestandsverzeichnis).
Bei einer Reallast muss man schauen, wem die zu liefernde Leistung zusteht. Eine Reallast kann eine regelmäßig zu zahlende Summe sein, es kann aber auch beispielsweise sein, dass bestimmte Dienstleistungen zu erfüllen sind oder dass beispielsweise ein Teil der Ernte abzugeben ist. Der Begünstigte einer Reallast kann eine bestimmte, namentlich genannte Person oder Personengruppe sein, es kann aber auch der jeweilige Inhaber eines anderen Grundstücks sein.
Wenn es sich um eine Verpflichtung gegenüber dem Inhaber eines anderen Grundstücks handelt, sprechen wir hier auch von dienendem und herrschendem Grundstück.

Wenn eine Last (erstrangig) im Grundbuch eingetragen ist, kann es zu Problemen bei der Finanzierung kommen. Es hängt natürlich von der Art der Eintragung ab. So ist ein Wege- oder Leitungsrecht in der Regel aus Finanzierungssicht harmlos, da es den Wert des Grundstücks nicht erheblich mindert bzw. sich die Minderung des Wertes eventuell schon im Kaufpreis widerspiegelt.

Anders ist es bei Eintragungen wie Wohnrechten, Reallasten etc.!
Wenn diese Eintragungen bereits vorhanden sind, bevor die Bank ihre Grundschuld einträgt, dann würden im Falle einer Zwangsversteigerung die Berechtigten den Gegenwert ihres Wohnrechtes oder ihrer Reallast zuerst ausgezahlt bekommen.

Beim Wohnrecht wird dann beispielsweise geschaut, was der entsprechende Mietwert einer ähnlichen Immobilie in der Region wäre und es wird nach dem Alter der Person geschaut. Sollte die Person statistisch gesehen noch ca. 30 Jahre leben und die durchschnittliche Kaltmiete für eine ähnliche Wohnung läge bei 500 Euro monatlich, dann müsste dieser Person bei einer Zwangsversteigerung 180.000 Euro ausgezahlt werden (500 Euro x 12 x 30).

Oft bleibt dann nicht mehr viel für die Bank übrig. Dieses Beispiel zeigt, warum Banken bestimmte vorrangige Lasten in Abteilung II nicht akzeptieren.

Die Lösung für eine solche Finanzierung ist, dass das Recht, welches in Abteilung II eingetragen ist, im Rang zurücktritt. Das muss über einen Notar beantragt werden und selbstverständlich muss derjenige, dessen Recht betroffen ist, auch zustimmen.
Tut er dieses nicht, so sieht es mit einer Finanzierungszusage schlecht aus.

Beispiel:
Die Eltern übertragen schon zu Lebzeiten ihr Haus an eines der Kinder. Sie lassen sich erstrangig ein lebenslanges Wohnrecht eintragen. Irgendwann wird vielleicht Geld für eine Sanierung von der Bank benötigt. Diese wird das Darlehen jedoch nur genehmigen, wenn die Eltern einem Rangrücktritt des Wohnrechts zustimmen.

Im Falle einer Zwangsversteigerung würde nun die Bank als erstes ihr Geld bekommen. Wenn dann noch Geld aus der Versteigerung übrig ist, bekommen die Eltern ihren Anteil bzw. den Anteil, der vom Versteigerungserlös nach Zahlung der Gerichts- und Verfahrenskosten und Zahlung des Restbetrages an die Bank noch übrig ist.

Es gibt verschiedene Arten von Lasten, die hier nicht weiter erläutert werden, da der Schwerpunkt des Buches auf dem Thema Finanzierung liegt. Bitte informieren Sie sich im Fall der Fälle darüber, was die einzelnen Lasten bedeuten.

Einen kleinen Praxisexkurs möchte ich jedoch an dieser Stelle noch bringen (Achtung: Es ist für Laien erklärt, also in meinen Worten geschrieben. Für rechtlich einwandfreie Formulierungen und tiefergehende Informationen schauen Sie bitte ins Erbbaurechtsgesetz):

> *Erbpacht:*
> *Der Inhaber eines Grundstücks verpachtet dieses für einen längeren Zeitraum an eine Person, die da drauf ein Haus errichten möchte bzw. das Haus kaufen möchte, welches auf diesem Grundstück steht. In der Regel werden die Pachtverträge für 99 Jahre geschlossen.*
> *Es handelt sich rechtlich gesehen also um zwei Eigentümer: Den Eigentümer des Grundstücks und den Eigentümer des Hauses. Somit gibt es auch zwei Grundbücher: Das Grundbuch für das Grundstück und das Erbbaugrundbuchbuch. In beiden Grundbüchern wird in Abteilung zwei das Erbbaurecht eingetragen. Als Käufer einer Immobilie, die auf einem Erbbaugrundstück steht, erhalten Sie nur Einsicht in das Erbbaugrundbuch. In diesem werden Sie als Eigentümer eingetragen und wenn Sie eine Finanzierung beantragen, dann wird auch die Grundschuld nur im Erbbaugrundbuch eingetragen. Mit dem Grundstücksgrundbuch haben Sie als Käufer und Eigentümer der Immobilie nichts zu tun.*
> *Wenn Sie ein Haus kaufen, bei dem bereits ein Erbpacht-Vertrag besteht, dann haben Sie eventuell nur noch eine entsprechende Restlaufzeit. Mal angenommen, der Ursprungsvertrag lief 99 Jahre. 30 Jahre sind bereits vergangen. So haben Sie als Käufer dieser Immobilie nur noch 69 Jahre Restlaufzeit. Ist die Restlaufzeit kürzer als die voraussichtliche Finanzierungsdauer, wird diese Finanzierung wahrscheinlich kein Kreditinstitut begleiten. Das Ende eines solchen Vertrags nennt man übrigens „Heimfall". Mit Ende des Pachtvertrags fällt auch das Gebäude auf dem Grundstück in das Eigentum des Grundstücksinhabers. Aus diesem Grunde ist es wichtig, im Vertrag eine Regelung für den Heimfall, also zum Beispiel eine entsprechende Ausgleichszahlung, zu vereinbaren.*
> *Diese muss angemessen sein. Als angemessen wird i. d. R. ein Wert von mindestens 2/3 des sogenannten allgemeinen Wertes angesehen.*
> *Erbbaurechte werden häufig von Gemeinden oder Kirchen vereinbart. Die Grundstücke sollen im Eigentum der Gemeinde oder Kirche verbeiben, werden jedoch als Bauland zur Verfügung gestellt.*

> Manchmal verpachten auch Privatpersonen ihre Grundstücke in Form eines Erbbaurechts. Dieses ist jedoch schwierig zu finanzieren. Bei den meisten Kreditinstituten gilt ein Erbbaurecht, bei dem der Erbbaurechtsgeber (also der Grundstücksinhaber) eine Privatperson ist, als Ausschluss-Kriterium.

Beschränkungen:

Wenn eine Beschränkung im Grundbuch eingetragen ist, dann ist das Grundbuch für den Eigentümer des Grundbuchs geschlossen. Er hat also quasi keinerlei Verfügungsgewalt mehr. Er kann seine Immobilie weder verkaufen, noch mit Grundpfandrechten beleihen.

Typische Beschränkungen sind:

- Zwangsvollstreckungsvermerk
- Zwangsverwaltungsvermerk
- Insolvenzvermerk
- Testamentsvollstreckervermerk
- und einige andere

Diese Beispielvermerke machen deutlich, dass eine Beschränkung normalerweise nicht freiwillig eingetragen wird, sondern durch äußere Einflüsse entsteht.

Abteilung III

Dieses ist die „Finanzierungsabteilung".

Es gibt nur drei Rechte, die hier eingetragen werden können:

- Grundschuld
- Hypothek
- Rentenschuld

Da die Rentenschuld und die Hypothek bei den Deutschen Kreditinstituten aktuell keine Rolle spielen, konzentriere ich mich hier auf die Grundschuld.

Vielleicht kennen Sie den Sprachgebrauch: „Ich habe eine Hypothek aufgenommen." Dieser Sprachgebrauch ist jedoch inzwischen in den meisten Fällen nicht korrekt, denn Hypotheken werden im Immobilienfinanzierungsbereich nahezu gar nicht mehr genutzt.

Richtigerweise heißt es in der heutigen Zeit: „Sie nehmen ein Darlehen gegen Grundschuld auf". Oder: „Es handelt sich um ein Darlehen mit Grundschuldabsicherung".

Warum wird die Hypothek aktuell im Immobilienfinanzierungsbereich nicht mehr verwendet?

Dafür gibt es einen Hauptgrund:
Die Hypothek existiert nur in der Höhe der Restschuld. Die Hypothek ist also rechtlich gesehen nur in der gleichen Höhe existent, in der das Darlehen valutiert (Darlehensvaluta = Restschuld des Darlehens).
Ist das Darlehen zurückgezahlt, existiert auch die Hypothek nicht mehr (auch wenn sie noch im Grundbuch eingetragen ist). Sie wandelt sich dann zur sogenannten Eigentümergrundschuld.

Die Grundschuld bleibt rechtlich gesehen immer in der gleichen Höhe existent. Sie kann also wieder verwendet werden, wenn beispielsweise ein neues Darlehen aufgenommen werden soll.

Bei der Hypothek haftet der Darlehensnehmer übrigens automatisch nicht nur mit dem Grundstück, sondern auch mit seinem gesamten Vermögen.

Das ist bei der Grundschuld anders. Damit die Bank auch auf das sonstige Vermögen des Darlehensnehmers im Fall der Fälle zurückgreifen kann, muss eine sogenannte „Zwangsvollstreckungserklärung mit persönlicher Haftungsübernahme" vereinbart werden.

Hypothek und Grundschuld haben beide ihre Berechtigung. Es ist jedoch aktuell müßig über die Vor- und Nachteile beider zu philosophieren, da Sie derzeit kaum ein Kreditinstitut finden werden, über welches Sie eine Hypothek für Ihre Immobilienfinanzierung abschließen können. Von daher möchte ich hier auch nicht weiter ins Detail zu den Unterschieden gehen.

Wenn Sie ein Darlehen bei einer Bank beantragen, dann erhalten Sie auch die sogenannte Grundschuldbestellungsurkunde.
Die Grundschuldbestellungsurkunde nehmen Sie direkt mit zum Notartermin oder reichen diese nach, falls Ihnen diese zum Notartermin noch nicht vorliegen sollte.
Zusammen mit der Grundschuldbestellungsurkunde wird auch die bereits weiter vorne genannte „Zwangsvollstreckungserklärung mit persönlicher Haftungsübernahme" mit vereinbart.

Bei der Bank selbst unterschreiben Sie noch eine Sicherungszweckerklärung (oder Zweckbestimmungserklärung, Zweckerklärung, Sicherungsvereinbarung etc., das Formular hat viele Namen). Damit wird die eingetragene Grundschuld dann auch mit dem Darlehen verbunden. Vorher sind es zwei unterschiedliche Rechtsvorgänge.

Nur mit der unterschriebenen Sicherungszweckerklärung darf die Bank im Falle Ihrer Zahlungsunfähigkeit auch von der Grundschuld Gebrauch machen.

Wenn Sie irgendwann (zum Beispiel nach Ablauf der Zinsbindung) das Kreditinstitut wechseln wollen, dann können Sie die Grundschuld einfach an das neue Kreditinstitut abtreten lassen. Das ist wesentlich kostengünstiger als eine Löschung und Neueintragung.

Das wäre übrigens mit einer Hypothek nicht möglich. Die müsste dann vom neuen Kreditinstitut neu eingetragen werden.

Abschließend noch kurz ein paar Worte zu einer Rentenschuld:
Diese wird aktuell von keinem in Deutschland ansässigen Kreditinstitut angeboten. Sie könnte aber eine interessante Variante bei einem privaten Mietkauf sein.
Mit der Rentenschuld erhält der Berechtigte eine regelmäßige Geldzahlung (ähnlich wie bei einer Reallast). Unterschied zur Reallast: Die Rentenschuld kann mit Zahlung eines vorher vereinbarten Betrages (zum Beispiel der (Rest-) Kaufpreis der Immobilie) abgelöst werden.
Beispiel: Die monatliche Rate beträgt 1.000 Euro. Diese 1.000 Euro sind so lange zu zahlen, wie die Rentenschuld eingetragen ist. Die Rentenschuld könnte beispielsweise mit einer Zahlung von 150.000 Euro und einer Kündigungsfrist von sechs Monaten gekündigt werden. Der Verkäufer hätte also in dem Fall 150.000 Euro zzgl. der gezahlten Raten erhalten. Das ist Chance und Risiko. Chance: Er erhält viel mehr, als bei einem reinen Verkauf. Risiko: Er weiß nicht, ob er jemals die 150.000 Euro bekommt.

13. Wichtiges zum Thema Darlehensauszahlung

Versetzen Sie sich bitte mal in folgende Situation:
Ein Traum wird wahr! Sie haben ein tolles Baugrundstück gefunden und Sie wollen sich Ihr persönliches Traumhaus darauf errichten lassen. Es war gar nicht so einfach, sich für einen Bauträger zu entscheiden. Bei dem passte der Preis, beim nächsten die Leistung, aber irgendwas war immer. Doch dann haben Sie irgendwann eine Entscheidung für einen Bauträger oder Bauunternehmer getroffen.
Sie waren bei mehreren Banken und Finanzberatern und konnten sich nach langem Hin- und Her auch für ein Kreditinstitut entscheiden.
Sie sind mächtig stolz darauf, dass das mit der Finanzierung so gut geklappt hat. Sie besteht aus drei Darlehen:

- 100.000 Euro KFW-Energieeffizient Bauen über eine Förderbank

- 50.000 Euro KFW-Wohneigentumsprogramm, ebenfalls über die Förderbank und

- 250.000 Euro Bankdarlehen über die ABC-Bank

Die Darlehensverträge liegen unterschrieben bei Ihnen und das Geld wartet nur noch darauf, abgerufen zu werden.

Die kompletten Kauf- und Baunebenkosten, sowie die Kosten für die Küche können Sie aus Eigengeld bezahlen.

Von den insgesamt 400.000 Euro Finanzierungssumme entfallen 100.000 Euro auf das Grundstück.

Die erste Rechnung flattert ins Haus: Die Rechnung für den Grundstückspreis.
Kein Problem denken Sie, ich habe ja meine genehmigten Kreditverträge vorliegen.
Sie füllen eine Auszahlungsanweisung aus und senden diese zunächst an die ABC-Bank.

Von dieser erhalten Sie folgende Antwort:
Sehr geehrte/r Frau/ Herr Xyz,
vielen Dank für die Einreichung der Auszahlungsanweisung. Leider kann das Darlehen noch nicht ausgezahlt werden, da zuerst das Eigengeld und die nachrangigen Darlehen gemäß unserer Kreditrichtlinien verwendet werden müssen.
Reichen Sie bitte erneut eine Auszahlungsanweisung ein, sobald Ihr

Eigengeld und das Geld aus den anderen Darlehen verwendet wurden.
Sie ärgern sich kurz und denken vielleicht „Na gut, was soll´s! Dann rufe ich halt erst das Geld von der Förderbank ab."
Gesagt, getan! Die nächste Auszahlungsanweisung wird ausgefüllt und an die Förderbank gesendet.

Von der Förderbank bekommen Sie folgende Antwort:
Sehr geehrte/r Frau/ Herr Xyz,
leider kann der von Ihnen angeforderte Betrag nicht ausgezahlt werden, da das Programm Energieeffizient Bauen nicht für den Kauf des Grundstücks, sondern nur für den Bau des Gebäudes genutzt werden darf.

Vom Wohneigentumsprogramm können leider nur 50 % ausgezahlt werden, solange Ihre Hausbank das dort beantrage Darlehen noch nicht ausgezahlt hat.
Mit freundlichen Grüßen
Ihre Bank

(Hinweis: Manche Förderbanken zahlen das Wohneigentumsprogramm gar nicht vor Auszahlung des Hauptdarlehens aus, andere wiederum können vorrangig sogar bis 100 % auszahlen.)
Und nun?

Sie sollen 100.000 Euro für das Grundstück bezahlen. Sie haben drei genehmigte Kreditverträge und keiner kann ausgezahlt werden.
Das ist ein echtes Dilemma und kommt leider immer mal wieder vor.
Ein professioneller Finanzierungsberater achtet im Vorfeld auf die Auszahlungsbedingungen der Banken.
Mein Tipp an Sie: Achten Sie bitte auch selbst darauf, ob Sie die zugesendeten Auszahlungsbedingungen überhaupt erfüllen können.
Wie kommt man nun aus dem oben beschriebenen Dilemma raus?

Variante 1: von vornherein einen anderen Finanzierungspartner wählen. Die Auszahlungsbedingungen von Kreditinstituten sind unterschiedlich. So gibt es auch jede Menge Kreditinstitute, die ein Darlehen auch vor Auszahlung der Darlehen bei einer Förderbank auszahlen können.

Variante 2: Wenn es genau dieser Finanzierungspartner sein soll (weil vielleicht alle anderen Bedingungen an eine Finanzierung erfüllt sind), dann muss im Vorfeld geschaut werden, ob man eine Zwischenfinanzierung für die Bezahlung des Grundstücks abschließen kann. Dieser Zwischenkredit erfolgt dann in Form eines variablen Darlehens und wird mit Auszahlung des Hauptdarlehens zurückgeführt.

Sonstige Fallen beim Thema Auszahlung:
- Es wurde Eigengeld angegeben, welches aber noch nicht verfügbar ist (weil es beispielsweise aus einem Hausverkauf oder aus einem Sparvertrag kommt). Die meisten Banken bestehen darauf, dass zuerst das Eigengeld eingesetzt wird. In diesem Fall muss auch nach einer Lösung geschaut werden (beispielsweise ebenfalls über eine Zwischenfinanzierung).
- Beim Neubau von Eigentumswohnungen soll eine Anzahlung geleistet werden. Die Grundbücher sind jedoch noch nicht erstellt und die Bank kann keine Grundschuld darauf eintragen lassen.
- Kauf eines Neubaus inklusive Grundstück von einem Bauträger: Kann Ihre Bank schon eine Grundschuld auf dem Grundstück eintragen lassen oder ist hier noch die Finanzierung des Bauträgers abgesichert? Manchmal gibt es auch hier noch keine neuen Grundbücher, wenn beispielsweise ein großes Grundstück aufgeteilt wird in mehrere kleine. Wenn es noch keine Grundbücher gibt, kann das Darlehen nicht abgesichert werden. Somit gibt es auch keine Darlehensauszahlung.

Bitte prüfen Sie vor Unterschrift auf dem Vertrag eines Bauträgers/ Bauunternehmers und vor Unterschrift des Kreditvertrags immer, inwieweit die Auszahlungsbedingungen erfüllt werden können. Sie ersparen sich jede Menge Ärger dadurch.

Manchmal müssen Sie beim Neubau nach Baufortschritt zahlen. Wenn Ihre Finanzierung aus verschiedenen Kreditbausteinen besteht, dann schauen Sie bitte, bei welchem Kredit Sie welche bereitstellungszinsfreie Zeit haben (KFW-Kredite haben oft andere bereitstellungszinsfreie Zeiten, als beispielsweise die Kredite der Bank, welche die Hauptfinanzierung macht.) Rufen Sie (wenn möglich) zunächst die Darlehen mit der kürzesten bereitstellungszinsfreien Zeit ab, denn nach Ablauf dieser Zeit zahlen Sie Bereitstellungszinsen (also Zinsen für das nicht abgerufene Darlehen), die aktuell sogar höher liegen, als die Darlehenszinsen selbst. Meistens nehmen Banken 0,2 % oder 0,25 % pro Monat an Bereitstellungszinsen (also 2,4 % bzw. 3 % pro Jahr).

14. Versicherungsschutz: Muss das sein?

Kurze knappe Antwort: Ja, das muss sein! Lassen Sie sich von einem Versicherungsberater oder einem Versicherungsmakler Ihres Vertrauens beraten.

Das größte Risiko im Bereich der Immobilienfinanzierung ist die Zahlungsunfähigkeit.

Diese kann entweder durch falsche Kalkulation oder durch unvorhergesehene Ereignisse, durch Schicksalsschläge wie Arbeitslosigkeit, Krankheit, Todesfall, Objektrisiken oder andere große Veränderungen entstehen.

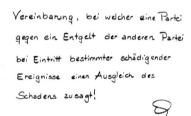

Vereinbarung, bei welcher eine Partei gegen ein Entgelt der anderen Partei bei Eintritt bestimmter schädigender Ereignisse einen Ausgleich des Schadens zusagt!

Versicherungsrisiken sind also zu unterteilen in Risiken, die eine Person betreffen können und Risiken, die aus dem Objekt heraus entstehen.

Schauen wir uns zunächst ein paar Objektrisiken an. Hier unterscheiden wir zwischen versicherbaren und nicht versicherbaren Risiken. Zu den nicht versicherbaren Risiken gehören Risiken, die aus der Bausubstanz heraus entstehen. Vor dem Kauf ist es empfehlenswert, einen Gutachter mit hinzuzuziehen.

Besonders schlimm ist der sogenannte Hausbock (Hierbei handelt es sich um einen ziemlich gefräßigen Käfer. Sein richtiger Name ist Bockkäfer, doch umgangssprachlich wird er Hausbock genannt.) Der Bockkäfer befällt gerne Dachstühle aus Nadelholz, aber auch Deckenbalken, Türschwellen und Fensterrahmen, seltener Möbel. Er mag vor allem altes Holz. Neues Holz entspricht nicht ganz seiner Geschmacksrichtung.

Ebenfalls schlimm ist der sogenannte Hausschwamm. Hierbei handelt es sich um einen holzzerstörenden Pilz. Er liebt verbautes Holz und mag ein feuchtes, nicht zu kühles Milieu. Dann hat er optimale Bedingungen um zu wachsen und sich zu vermehren. Er ist übrigens in einigen Bundesländern sogar meldepflichtig.

Sowohl beim Hausbock, als auch beim Hausschwamm ist eine komplette Sanierung notwendig, teilweise ist ein Abriss erforderlich.

Aus diesem Grund muss ein Verkäufer bei Kenntnis dieses vor dem Verkauf offenlegen.

Sollte es verschwiegen werden, kann der Käufer von einem Rücktrittsrecht Gebrauch machen. Allerdings nur, wenn der Verkäufer von dem Mangel wusste und ihn arglistig verschwiegen hat. Kann man dem Verkäufer das „arglistige Verschweigen" nachweisen, so kann der Käufer auch dann vom Kaufvertrag zurücktreten, wenn im Kaufvertrag ein Rücktritt aufgrund von Sachmängeln ausgeschlossen wurde.

Die Schwierigkeit liegt jedoch im Nachweis des „arglistigen Verschweigens".

Von daher:

Bei einem Immobilieninvestment lohnt es sich in jedem Fall, das Geld für einen Gutachter zu investieren.

Zu den versicherbaren Risiken gehören Themen wie Feuer, Leitungswasser (also zum Beispiel Rohrbruch), Sturm, Hagel, Glasschäden und andere.

Je nach Region können auch sogenannte Elementarschäden versichert werden. Dazu gehört unter anderem Hochwasser und Lawinengefahr.

Wenn Sie einen Öltank haben, dann müssen Sie eine Gewässerschaden-Haftpflichtversicherung mit abschließen.

Für andere Haftungsschäden im selbst genutzten Bereich tritt in den meisten Fällen Ihre private Haftpflichtversicherung ein. Sonderrisiken wie Schwimmbad etc. müssen separat versichert werden.

Bei Vermietung einer Immobilie sollten Sie eine Vermieter-Haftpflichtversicherung abschließen, für den Fall der Fälle, dass eine Person auf Ihrem Grundstück zu Schaden kommt.

Für Baumaßnahmen sollte eine Bauherrenhaftpflichtversicherung gemacht werden. Diese übernimmt die Kosten für den Fall der Fälle, dass sich eine Person auf Ihrer Baustelle verletzt, denn dafür sind Sie haftbar zu machen. Apropos Baumaßnahmen: Auch eine Bauleistungsversicherung ist empfehlenswert, insbesondere bei größeren Baumaßnahmen. Sie entschädigt Sie beispielsweise finanziell, wenn es zu Überschwemmungen, zu Feuer oder zu Diebstählen bereits verbauter Baumaterialien auf der Baustelle kommt.

Auch der Abschluss einer Rechtsschutzversicherung kann lohnenswert sein, sowohl bei Nachbarschaftsstreitigkeiten, als auch vor allem im Vermietungsbereich.

Empfehlenswerte Versicherungen rund um das Haus:
- Wohngebäudeversicherung
- Haftpflichtversicherung
- Hausratversicherung
- Eventuell Glasversicherung
- Eventuell eine Rechtsschutzversicherung

Abgrenzung Wohngebäudeversicherung und Hausrat:
Stellen Sie sich vor, Sie schneiden das Haus oben auf und drehen es um. Alles, was jetzt herausfällt, das gehört zum Hausrat. Alles, was drin bleibt gehört zum Wohngebäude. Manchmal ist es nicht ganz einfach zu unterscheiden.
Beispiel Fußbodenbeläge:
Sind diese fest mit dem Haus verbunden (zum Beispiel Fliesen), dann gehören sie zur Wohngebäudeversicherung. Sind sie nur oben drauf gelegt, wie beispielsweise ein Teppichboden, dann gehören sie zum Hausrat. Bei fest verklebten Teppichböden oder bei Laminat, Holzdielen etc. ist es teilweise nicht ganz einfach zu unterscheiden – gehört es zum Haus oder zur Einrichtung?
Ebenso verhält es sich mit der Küche. Ist es eine maßangefertigte Küche, die fest eingebaut ist, so gehört sie i. d. R. zur Wohngebäudeversicherung. Ist es eine Standardküche, dann gehört sie zur Hausratversicherung. Doch wo genau ist die Abgrenzung?

Sie sehen schon an diesen wenigen Beispielen, wie wichtig es ist, einen Versicherungsexperten an seiner Seite zu haben.

Kommen wir nun zu den personenbezogenen Risiken. Auch hier gibt es versicherbare und nicht versicherbare Risiken.

Worin bestehen die Risiken? Oder anders gefragt, welche Risiken können die Einnahmen reduzieren?

Zu den nicht versicherbaren Themen gehören familiäre Themen, also Familienzuwachs oder Scheidung.

Finanzielle Folgen durch gesundheitliche Themen sind zum großen Teil über Versicherungen abdeckbar. Hierzu gehören eine längere Erkrankung, Berufsunfähigkeit, Erwerbsunfähigkeit, Tod des Hauptverdieners, aber auch Tod des Versorgers für die Kinder (denn wenn die versorgende Person wegfällt, kann die hinterbliebene Person nicht mehr so viel arbeiten oder braucht eine Unterstützung im Haushalt).

Erkrankungen, Verletzungen, Ausfall der Arbeitskraft kann durch Unfälle und durch Krankheiten passieren.

Am besten wäre es, wenn Sie alle personenbezogenen finanziellen Risiken absichern, aber das kann sich kaum ein Normalverdiener leisten. Hier heißt es Prioritäten setzen.

Auch hier empfiehlt es sich, mit einem Profi zusammenzuarbeiten.

Die Bedingungen der einzelnen Versicherungsgesellschaften, vor allem im Bereich der Berufsunfähigkeitsabsicherung, können recht unterschiedlich sein.

Ein Versicherungsexperte kann mit Ihnen zusammen nicht nur schauen, welche Absicherung für Sie persönlich voraussichtlich die wichtigste ist, er kennt im besten Fall auch die Tarifunterschiede von den einzelnen Gesellschaften. Vor allem Versicherungsmakler haben oft einen guten Marktüberblick.

Empfehlenswerte Versicherungen rund um die Person:
- Berufsunfähigkeitsversicherung, mindestens jedoch eine Erwerbsunfähigkeitsversicherung
- Todesfallabsicherungen bei Familien für den Fall, dass der/die Hauptverdiener/in oder der/die Versorger/in der Kinder ausfällt
- Arbeitsunfähigkeitsversicherung/Krankentagegeldversicherung

15. Die Top 12 Fehler in der Immobilienfinanzierung

Häufig werde ich gefragt, welches denn die Top 12 Fehler in der Baufinanzierung sind.
Mit einem Augenzwinkern antworte ich dann:
Top 1: Diese Frage zu stellen! Ob etwas ein Fehler ist oder nicht, hängt von der individuellen Situation ab. Was für den einen die perfekte Finanzierungslösung ist, ist für einen anderen vielleicht alles andere als gut. Von daher gibt es die Top 12 Fehler im Grunde genommen gar nicht.

Wenn Sie das Buch bis hierher gelesen haben, dann kennen Sie die Antwort auf die Frage nach den Top 12 Fehlern im Grund genommen schon.
Sehen Sie diese Auflistung als Wiederholung und Vertiefung an.

Nicht ratsam ist:

1. Sich keine Gedanken über die eigenen Ziele und Wünsche bei der Finanzierung zu machen.

2. Sich von zu vielen Nicht-Fachleuten verwirren zu lassen. Wenn Sie fünf Personen in Ihrem Umfeld um Rat fragen, dann bekommen Sie mindestens sieben verschiedene Meinungen.

Menschen haben unterschiedliche Wahrheiten, Wahrnehmungen und vor allem ganz unterschiedliche Prioritäten, so auch im Bereich der Immobilienfinanzierung. Eines meiner Lieblingsbeispiele: Viele Menschen lieben oder hassen das Produkt Bausparen. Je nachdem, welche Faktoren ich beim Bausparen anschaue und welche Zielsetzung Sie als Kunde haben, kann man sagen: Beide Seiten haben Recht.

3. Vergleich nur über den Effektivzins. Viel sinnvoller ist es, den Sollzins (= zu zahlender Zins) und die tatsächlichen Kosten zu vergleichen. Der Effektivzins ist ein rein rechnerischer Zins und nicht immer als Vergleichszins sinnvoll, da bei weitem nicht alle

Kosten im Effektivzins enthalten sind. Beispiel: Wenn Sie ein Annuitätendarlehen und ein Festdarlehen (Tilgungsaussetzungsdarlehen) gegen Bausparen miteinander vergleichen, ist das nicht sinnvoll. Beim Annuitätendarlehen fließt der monatliche Tilgungsanteil rechnerisch mit in die Rate ein. Dadurch, dass der Sollzins ein „Zins per anno" (also ein jährlicher Zins) ist, das Annuitätendarlehen jedoch jeden Monat ein kleines bisschen zurückgezahlt wird, ist der Effektivzins rechnerisch höher, als der Sollzins, selbst, wenn keine weiteren Kosten und Gebühren anfallen.

Wenn ich das meinen Kunden erklärt habe, wurde ich so manches Mal mit großen Augen angeschaut, weil es zunächst einmal für den Laien unlogisch klingt. Meine Eselsbrücke zur Erläuterung dieses Effekts verrate ich Ihnen gerne:

Mal angenommen, Sie möchten einen Sparplan abschließen.

Sie wollen 12.000 Euro anlegen und bekommen einen Sparzins von einem Prozent (jährliche Verrechnung, also 1 % p. a.).

Nach einem Jahr haben Sie einen Zinsertrag von 120 Euro.

Wenn Sie nun jedoch das Geld nicht auf einmal anlegen, sondern monatlich sparen möchten, würden Sie jeden Monat 1.000 Euro einzahlen.

Im ersten Monat bekommen Sie 1 % auf 1.000 Euro für das gesamte Jahr, also 10 Euro. Ihre zweite Rate wird nur noch für elf Monate angelegt. Das heißt, Sie bekommen auch nur anteilige Zinsen für elf Monate. Das sind dann 9,17 Euro Zinsen. Insgesamt wären das für die ersten zwei Monate also 19,17 Euro (10 Euro zzgl. 9,17 Euro) Zinsen.

Die dritten 1.000 Euro wären nur noch für zehn Monate angelegt. Der anteilige Zinsbetrag wäre 8,33 Euro. Insgesamt hätten Sie jetzt 17,50 Euro Zinsen erhalten.

Wenn Sie dieses nun für das gesamte Jahr durchrechnen kommen Sie auf einen Gesamt-Zinsertrag von 12.185,56 Euro.

Der effektive Zins auf die 12.000 Euro liegt also unter 1 % (die tatsächliche Rendite beträgt 0,985 %). Beim Sparplan haben wir also den umgekehrten Effekt wie beim Annuitätendarlehen.

Für all diejenigen, die es ganz genau wissen wollen: Beim Sparplan sprechen wir natürlich nicht von Sollzinsen und Effektivzinsen, sondern von Nominalzinsen und Renditen. Doch ich nutze dieses Beispiel gerne, um den Effekt zu verdeutlichen.

Beim Annuitätendarlehen wird die Rate wie folgt berechnet (Beispiel 100.000 Euro Darlehen, 2 % Zinsen, 2 % Tilgung):
100.000 Euro x 0,04 = 4.000 Euro Jahresrate.
Diese Jahresrate wird nun einfach durch zwölf geteilt. Die Monatsrate beträgt also 333,33 Euro. Aufgrund dieser Berechnung unterscheiden sich Sollzins und Effektivzins, selbst, wenn keine weiteren Kosten und Gebühren enthalten sind.
Kommen wir zurück zu dem Vergleich Annuitätendarlehen und Darlehen gegen Tilgungsaussetzung:
Beim Tilgungsaussetzungsdarlehen wird die Tilgung, also die Sparrate in den Bausparvertrag (oder welches Produkt auch immer) bei der Berechnung des Effektivzinses nicht berücksichtigt. Auch Abschlussgebühren oder Kosten des Sparproduktes fließen in die Berechnung des Effektivzinses nicht mit ein.
Aus genau diesem Grund sind beide Finanzierungsformen nicht über den Effektivzins vergleichbar.
Die Berechnung des Effektivzinses ist übrigens komplex. Es gibt vereinfachte Formeln mit denen man Näherungswerte erhalten kann. Eine vereinfachte Formel hierfür ist die sogenannte Uniform-Methode:
(Kreditkosten/Nettodarlehensbetrag) x 12 / Laufzeit in Monaten + 1) = effektiver Jahreszins.
Bei dieser Formel wird jedoch keine unterjährige Zahlungsweise (z. B. monatlich oder vierteljährlich) berücksichtigt.
Wenn Sie die genaue Formel für Annuitätendarlehen kennenlernen wollen, dann schauen Sie sich einmal die Anlage zu § 6 PANGV (Preisangabenverordnung) an. Geben Sie einfach PANGV bei Google ein und Sie finden den Paragrafen und die Anlage sofort.

4. Keine alternativen Finanzierungsformen anzuschauen oder bestimmte Finanzierungsformen pauschal ablehnen. Das erstbeste Angebot muss nicht das Beste sein.

5. Sich auf die Konditionen von Online-Rechnern zu verlassen.

6. Sich nicht über Förderdarlehen und Zuschüsse zu informieren.

7. Die Auszahlungsbedingungen des Darlehens vor Unterschrift nicht genau anzuschauen.

8. Eine zu kurze Zeitspanne zwischen Einreichung Ihrer Finanzierungsunterlagen bei der Bank und dem Notartermin. Bitte beachten Sie, dass Banken mehrere Tage und manchmal

sogar einige Wochen benötigen, bis Sie eine wirkliche Finanzierungszusage erhalten. Wenn möglich, sollten Sie erst zum Notar gehen, wenn Sie eine Finanzierungszusage erhalten haben. Ein Rücktritt von einem Immobilienkaufvertrag ist sehr teuer.

9. Ein zu kurzfristig angesetzter Zahlungstermin. Empfehlung: Lassen Sie sich sechs bis acht Wochen Zeit zwischen dem Notar- und dem Zahlungstermin. Häufig werden von der Bank noch Unterlagen nachgefordert bevor der Kreditvertrag ausgestellt wird. Nach Unterschrift auf dem Kreditvertrag haben Sie noch zwei Wochen Widerrufsfrist. In der Regel zahlen Banken während der Widerrufsfrist noch nicht aus (Ausnahme: Bei einigen Filialbanken ist dieses möglich. Bei Onlinebanken ist es nahezu ausgeschlossen.)
Auch die grundbuchlichen Dinge benötigen ihre Zeit. So muss die Grundschuld beantragt und eingetragen werden (wenn es zu lange dauert, kann hier mit einer sogenannten Notarbestätigung gearbeitet werden. Der Notar haftet dann für die rangrichtige Eintragung im Grundbuch.) Die Grunderwerbsteuer muss gezahlt werden. Rechte, die vom Käufer nicht übernommen werden, müssen gelöscht werden. Alles in allem dauert es meistens mindestens vier Wochen, bis dann tatsächlich der Kaufpreis fließen kann. Damit Sie es etwas entspannter angehen können, empfehle ich hier einen Zeitraum von mindestens sechs Wochen einzuplanen.

10. Beim Neubau plötzlich viel teurere Fliesen, Farben oder Fußbodenbeläge zu nehmen, als vorher einkalkuliert. So manch eine Nachfinanzierung entsteht dadurch, dass dem Bauherrn dann doch die Fliesen für 30 Euro pro qm besser gefallen, als die für 20 Euro. Oft kommen dann Aussagen wie: Schließlich bauen wir ja nur einmal und wir wollen es schön haben.

11. Doppelbelastungen nicht einzukalkulieren, zum Beispiel die Zeit, in der noch Miete fällig wird, jedoch auch das Darlehen (oder Teile des Darlehens) schon bedient werden müssen. Auch Kosten wie Umzug, Richtfest oder sonstige Nebenkosten sollten berücksichtigt werden.

12. Beim Notartermin plötzlich zu beschließen, dass ein Teil des Kaufpreises auf das Mobiliar oder die Küche entfällt, um Grunderwerbsteuer zu sparen.
Der rechnerische Wert des Hauses wird dann auch aus Sicht

der Bank geringer (der Beleihungswert). Dadurch haben Sie dann eventuell einen schlechteren Beleihungsauslauf und der Kreditvertrag wird entweder nichtig oder Sie bekommen einen schlechteren Zins. Beispiel: Der Kaufpreis (und der Einfachheit halber gleichzeitig der Beleihungswert) beträgt 300.000 Euro. Sie haben einen Kreditvertrag über 260.000 Euro abgeschlossen (80 % von 300.000 Euro) und einen entsprechenden Zins bekommen. Wenn das Haus nun plötzlich nur noch einen Kaufpreis von 260.000 Euro hat (weil Sie vereinbaren, dass im Kaufpreis 40.000 Euro für Möbel enthalten ist), dann hätten Sie nun einen Beleihungsauslauf von 100 %. Eine Bank darf von Gesetz wegen den Beleihungswert nicht höher ansetzen, als der tatsächlich gezahlte Kaufpreis beträgt (siehe auch Beleihungswertermittlungsverordnung). Wenn Ihre Bank von den Kreditrichtlinien her keine 100 % Finanzierung begleitet, dann haben Sie ein echtes Problem – denn Sie müssen nun eine neue Bank finden. Wenn auch schon die Widerrufsfrist Ihres Darlehens abgelaufen ist, dann kann das richtig teuer werden. Sie zahlen dann eine Nichtabnahme-Entschädigung. Alternativ müssen Sie versuchen, Eigengeld zu organisieren (oder einen anderen Kredit), damit der Beleihungsauslauf wieder bei 80 % liegt. Doch auch dann müssen Sie für den nicht abgerufenen Teil des Kredites eine Nichtabnahme-Entschädigung zahlen.

Im schlechtesten Fall stehen Sie also ohne Darlehen da, im besten Fall bleibt der Kreditvertrag bestehen und Sie zahlen nur einen höheren Zins.

Das Ganze dann dafür, dass Sie ein paar Euro Grunderwerbsteuer gespart haben – im wahrsten Sinne ein teurer Spaß!

16. Meine persönliche Geschichte mit Immobilien

Meine persönliche Geschichte zum Thema Immobilien ist im Grunde genommen auf zwei Säulen aufgebaut: Meine beruflichen Erfahrungen und meine privaten Erlebnisse.

Beruflich kann ich auf mehr als 25 Jahre Erfahrung im Immobilien-Finanzierungsbereich zurückschauen: Als Beraterin, als Vertriebsleiterin, als Ausbilderin, als Dozentin, als Inhaberin einer Finanzierungsfirma und als IHK-Prüferin. Allerdings ist das „nur" die fachliche Seite.

Doch meine privaten Erfahrungen gehen ans Eingemachte. Sie waren sehr emotional. Heute unterstütze ich Menschen dabei, bewusste Entscheidungen zu treffen – Bewusstheit über Chancen und Risiken. Ich lasse Menschen heute an meinen Erfahrungen teilhaben, auch wenn sie vor wenigen Jahren noch mit viel Scham behaftet waren.

Eine Finanzierungs-Spezialistin, die mit den eigenen Immobilien in die Insolvenz rauscht! Das macht etwas mit einem!
Mein Selbstwertgefühl war seinerzeit am Boden. Es war mir peinlich! Ich wollte und konnte lange Zeit nicht darüber sprechen.
Als ich anfing, darüber zu sprechen, suchte ich die Schuld im Außen: Die

Mieter waren schuld! Die Banken gemein, Rechtsanwälte bemühten sich nicht genug und überhaupt...
Vielleicht ist ein Funken Wahrheit an allem, jedoch ist eines ganz klar: Die Entscheidung für die Immobilien und die dazugehörigen Finanzierungen, sowie die Entscheidungen für die Mieter, die Auswahl der Banken und für die Rechtsanwälte hat nur eine Person getroffen! Und das war ich!
Ich habe Fehler gemacht! Ich habe zu viel Verantwortung abgegeben. Ich wollte lange Zeit das ganze Ausmaß meines Dramas nicht sehen, habe lange Zeit vieles verdrängt.
Doch die Fehler von damals haben mich zu dem Menschen von heute gemacht!
Heute kann ich aus vollem Herzen sagen:
Danke für die wertvollen Erfahrungen! Ich hätte es mir weniger schmerzhaft gewünscht, doch diese Schmerzen gehören der Vergangenheit an!

Wie alles begann:
Höher, schneller, weiter! Das war in meinen ersten vier Lebensjahrzehnten vorherrschend. Ich wollte alles! Und das am liebsten sofort!
Ich träumte vom großen Geld, vom Vermögensaufbau in Immobilien. Doch ich war zu naiv und gutgläubig. Genau deswegen erzähle ich Ihnen die Geschichte.
Auch heute bin ich wieder Eigentümerin von Immobilien, aber die Basis ist eine andere. Vermögensaufbau mit Immobilien ist absolut sinnvoll, doch es sollte mit Sinn und Verstand geschehen. Wenn die Gier im Vordergrund steht, kann das (wie so oft im Leben) schon mal nach hinten losgehen.

Es war 1996, ich war 24 Jahre jung, da kaufte ich mir meine erste vermietete Eigentumswohnung, mit 26 Jahren folgte die zweite. Ich schaffte es komplett aus eigener Kraft, denn in meiner Ursprungsfamilie war Geld stets eine Mangelware.
Doch schon hier machte ich die ersten Riesenfehler.
Ich setzte kein Eigengeld ein. Ich finanzierte nicht nur den Kaufpreis, sondern auch alle Nebenkosten mit. Mein Eigenkapital investierte ich lieber in Aktien!
Das ging auch lange Zeit gut! Mein Depot wuchs und wuchs (was Mitte bis Ende der Neunziger Jahre auch keine große Kunst war) und die Mieteinnahmen deckten die Kosten der Darlehen. Doch ich versäumte, einen Teil des Geldes in sichere Rücklagen zu packen. Mein gesamtes Geld war am Aktienmarkt investiert, größtenteils sogar im sogenannten

„Neuen Markt". Wer sich an diese Zeit erinnern kann, der weiß, was das bedeutete.

Für alle anderen: Der neue Markt kannte Mitte bis Ende der 90iger Jahre nur eine Richtung: nach oben! Doch es waren hoch riskante Papiere. Dieses Risiko hatte ich unterschätzt.

2001 kam nicht nur der große Börsencrash, auch privat crashte es bei mir.

Doch das ist eine andere Geschichte, mit der ich Sie hier nicht langweilen möchte.

In Folge brachen meine Einnahmen weg und eine der beiden Wohnungen stand über Monate leer. Ich hatte über viele Monate höhere Ausgaben (unter anderem durch die Kredite) als Einnahmen. Mein Depot war nichts mehr wert. Die hochgelobten Aktien von vor dem Crash waren nur noch „Penny-Stocks", also Pfennig-Aktien.

Doch ich schaffte es, wieder aufzubauen.

Im Jahr 2000 hatte ich geheiratet. Mein damaliger Mann und ich hatten mehrere kleine Firmen. Unter anderem hatte mein Mann eine Zimmerei, ich hatte meine Finanzierungsfirma mit mehreren Angestellten und gemeinsam vermieteten wir noch ein Wohnmobil. Die Firmen liefen gut.

2003 kauften wir ein Haus zum Eigennutz und ein Baugrundstück gleich nebenan, auf dem wir ein Zweifamilienhaus errichteten. Damit nicht genug, kauften wir 2006 ein Fünf-Familienhaus und 2007 eine Wohnung in Berlin.

Seinerzeit war es noch gut möglich, mit wenig Eigengeld viele Wohneinheiten zu kaufen.

Kaum hatten wir etwas angespart, kauften wir die nächste Immobilie. An die Möglichkeit, dass einmal massiver Mietausfall oder große Sanierungsarbeiten auf uns zukommen könnten, dachten wir nicht.

Doch sie kamen... und zwar unglaublich viele auf einmal.

Ich möchte Sie nicht mit Details langweilen, deswegen nur ein paar kurze „Highlights", oder sollte man treffender Weise „Downlights" sagen?

In der Firma meines Mannes wurden zwei große Aufträge nicht bezahlt. Es handelte sich um hohe fünfstellige Summen.

In unserem Fünf-Familienhaus hatten wir Messies und Mietnomaden.

Zu allem Überfluss kam irgendwann das Bauamt und teilte uns mit, dass eine der Wohneinheiten überhaupt nicht genehmigt sei. Diese müsse zum Lagerraum zurückgebaut werden.

Hinzu kam ein massives Schimmel-Problem. Warum hatten wir das so lange nicht entdeckt? Ganz einfach: Es war Styropor an die feuchten

Wände geklebt, verspachtelt und tapeziert worden. Es dauerte mehrere Jahre, bis der Schimmel wieder zu sehen war.

Hätten wir vor dem Kauf einen Gutachter beauftragt, wären viele Dinge vielleicht im Vorfeld aufgefallen. Leider konnten wir den Verkäufer nicht mehr in Regress nehmen, da zum einen fünf Jahren ab Kaufdatum die Verjährung eintrat (Rechtsstand seinerzeit) und uns zum anderen die Liquidität für die Anwälte fehlte, um vielleicht in Richtung Betrug zu klagen.

Drei Parteien zahlten über mehrere Monate keine Miete mehr. Bei allen Beteiligten steckten private Dramen dahinter, jeder hatte seine Gründe. Doch uns ging finanziell die Luft aus. Es fehlte an Liquidität!

Einer unserer Mieter war in die Drogensucht gerutscht. Als wir ihn nach zwei Jahren mit Anwaltsschreiben und Klagen (er zahlte in dieser Zeit keine Miete) endlich aus der Wohnung heraus hatten, kam der nächste Horror: Die Wohnung war bis obenhin (wirklich bis oben hin) voller Müll. Ratten und Mäuse liefen umher. Wir holten insgesamt zwei volle 34 Kubik-Container voller Müll daraus. Es waren zehn Tonnen Müll!!! Anschließend musste die Wohnung entkernt werden. Das waren nochmal 7,5 Tonnen Abriss und Schutt.

Auch bei den anderen beiden Parteien sah es fürchterlich aus! Drei Wohnungen mussten komplett kernsaniert werden. Doch Geld hatten wir keines mehr. Wir bekamen auch keines mehr von der Bank. Die Kredite liefen weiter. Die Wohnungen konnten nicht mehr vermietet werden. Wir hatten ohnehin bei der einen Wohnung seit einem Jahr und bei der anderen Wohnung seit zwei Jahren keine Miete mehr erhalten.
Es wurde finanziell immer enger.
Wir versuchten, Tag und Nacht dagegen anzuarbeiten… Doch geschafft haben wir es nicht.
Die Kreditraten waren einfach zu hoch, die Mieteinnahmen fehlten.

Es endete in einer Insolvenz. Alle Immobilien wurden zwangsversteigert. Die Häuser waren weg und unsere Firmen in Folge auch. Alles hing miteinander zusammen. Meine gut laufende Finanzierungsfirma konnte ich nicht mehr weiterführen, da ich durch die Kreditkündigungen eine schlechte Schufa hatte. In Folge hatten mir meine Kooperationspartner die Verträge gekündigt.

Heute sage ich: Es war eine interessante Erfahrung. Sie hat mich zu dem Menschen gemacht, der ich heute bin.

Die Insolvenz gehört zum Glück lange der Vergangenheit an.
Meine Schulden konnte ich alle bedienen.
Das fühlt sich wunderbar an!
Wenn ich heute Immobilien kaufe, dann achte ich auf ganz andere Dinge.
Das Mehrfamilienhaus hatte ich seinerzeit gekauft, weil es eine hohe Mietrendite hatte. Der Kaufpreis im Verhältnis zu den Mieten war hervorragend.
Auch heute gibt es noch Objekte mit einer hohen Mietrendite. Doch wenn Sie in solche Objekte investieren, denken Sie immer daran: Es hat einen Grund warum Sie diese so günstig einkaufen können. Vielleicht ist es die Lage, vielleicht der Sanierungszustand. Oder es hängt mit ganz anderen Faktoren zusammen.

Toplagen mit Topmietern sind teuer, dafür vielleicht wertstabiler.

Meine Empfehlung: Treffen Sie eine bewusste Entscheidung für ein Objekt! Welche Risiken bringt die Lage? Welche wirtschaftliche Entwicklungsprognose hat die Stadt oder Region, in der sie kaufen wollen?

Warum ist der Kaufpreis im Verhältnis zu anderen Immobilien höher oder niedriger?

Wenn Sie ein Objekt in einer schlechteren Lage oder mit einem schlechteren Sanierungszustand kaufen, dann bitte nur, wenn Sie entsprechende Rücklagen haben, um Mietausfall, Anwaltskosten oder Sanierungskosten zu bezahlen.

Noch etwas habe ich für mich gelernt (Sie dürfen gerne anderer Meinung sein):

Ich kaufe keine Immobilien mehr aus rein steuerlicher Betrachtung! Steuerersparnis ist ein toller Nebeneffekt, sollte jedoch niemals der Hauptgrund sein.

Je höher der Beleihungsauslauf ist, je weniger Eigengeld Sie also investieren, desto höher ist auch Ihre Finanzierungsrate, desto geringer ist die Differenz zwischen Mieteinnahmen und Ausgaben für den Kredit und die Nebenkosten.

Eine Ausnahme davon:

Sie haben genügend Rücklagen, um Unvorhergesehenes wie Sanierungsmaßnahmen oder Mietausfall aus eigener finanzieller Kraft schaffen zu können.

Liquidität ist das „A und O"!

Hätte ich seinerzeit ca. 50.000 Euro Liquidität gehabt, dann wäre alles anders gekommen.
Heute bin ich froh über die Erfahrung, denn es geht mir zum Glück wieder richtig gut, auch finanziell!
Ich habe viel gelernt und genau das sind die Learnings, die ich in meinen Seminaren und Coachings gerne weitergebe.
Ohne diese Erfahrung seinerzeit wäre ich heute nicht da, wo ich heute bin!
An dieser Stelle möchte ich Ihnen noch ein kleines Zitat aus einem meiner anderen Bücher mitgeben:

Das, was Dir heute passiert, egal wie gut oder schlecht es auch sein mag,
macht Dich zu dem wundervollen (und erfahrenen) Menschen, der Du morgen sein wirst!
Alles hat seinen Sinn, auch wenn wir ihn heute noch nicht verstehen können.

17. Glossar

Auflassung	Einigung zwischen Käufer und Verkäufer über den Eigentumsübergang der Immobilie beim Notar.
Auflassungsvormerkung	Eigentumsvormerkung in der Abteilung II des Grundbuches. Diese erfolgt (auf Wunsch) nach dem Notartermin. Die Auflassungsvormerkung ist empfehlenswert, denn mit der Eintragung der Auflassungsvormerkung kann der alte Eigentümer keine anderen Eintragungen mehr im Grundbuch veranlassen oder das Objekt noch einmal anderweitig verkaufen. Die Eintragung des neuen Eigentümers erfolgt i. d. R. erst einige Wochen später, da vorher unter anderem die Grunderwerbsteuer gezahlt und die Kaufpreiszahlung sichergestellt sein muss.
Bauzeitzinsen	Bauzeitzinsen werden die Zinszahlungen genannt, die während der Bauphase eines Objektes anfallen. Sie entstehen dann, wenn nur ein bestimmter Teil des Darlehens (also noch nicht das gesamte Darlehen) abgerufen wird (um zum Beispiel einen Teil der Baumaßnahmen zu bezahlen). Auf die abgerufene Summe fallen die vereinbarten Darlehenszinsen an. Die gesamte Darlehensrate inklusive Tilgung ist erst ab dem Zeitpunkt zu zahlen, wenn das Darlehen komplett ausgezahlt wurde.
Beleihungsauslauf	Wie viel Prozent vom Immobilienwert (vom Beleihungswert) müssen über Kredite finanziert werden?
Bereitstellungszinsen	Bereitstellungszinsen müssen ab einem bestimmten Zeitpunkt gezahlt werden, wenn das Darlehen bereits genehmigt, jedoch noch nicht ausgezahlt worden ist. I. d. R. gibt es eine bestimmte bereitstellungszinsfreie Zeit, in der diese Zinsen noch nicht anfallen (meistens drei bis sechs Monate). Bei den meisten Banken liegt der Zins für die Bereitstellung aktuell bei 0,2 % bis 0,25 % pro Monat.
Bonität	Als Bonität wird Ihre finanzielle Leistungsfähigkeit bezeichnet. Für die Beurteilung der Bonität werden verschiedene Kriterien zugrunde gelegt, zum Beispiel: Wie sieht Ihre Einnahmen-/Ausgabenrechnung aus? Wie ist das Verhältnis von Vermögen und Verbindlichkeiten? Wie sieht es mit der Sicherheit Ihres Arbeitsplatzes aus? Wie war Ihr Zahlungsverhalten in der Vergangenheit? Und vieles mehr.
Dingliche Zwangsvollstreckungsunterwerfungserklärung	Hierbei handelt es sich um eine Erklärung vor dem Notar mit dem Sie der sofortigen Zwangsvollstreckung durch die Bank in Ihr gesamtes Vermögen zustimmen, sollten Sie Ihren Zahlungen über einen längeren Zeitraum (im BGB genau definiert) nicht nachkommen. Mit dieser Erklärung hat die Bank einen Vollstreckungstitel, ohne den gesamten Klageweg vor der Zwangsvollstreckung gehen zu müssen.

Disagio	Als Disagio wird ein Abschlag bezeichnet. Hat heutzutage keine Relevanz mehr. Zu Zeiten von hohen Sollzinsen wurde es gerne genutzt, um die Zinszahlungen zu reduzieren. Der Abschlag (vom Darlehensbetrag) war eine Vorauszahlung der Zinsen. Beispiel: Darlehenssumme 100.000 Euro mit 5 % Disagio. Auszahlung: 95 % von 100.000 Euro, also 95.000 Euro. Die 5.000 Euro waren eine Vorauszahlung auf die Zinsen. Dadurch konnte der Sollzins und somit die monatliche Rate gesenkt werden. Da es aktuell (im jetzigen Zinsniveau) keine Praxisrelevanz hat, wird es in diesem Buch nicht weiter erläutert.
Effektivzins	Der Effektivzins ist ein rechnerischer Zins, der neben dem Sollzins auch noch weitere anfallende Kosten und Gebühren (wie zum Beispiel Bearbeitungsgebühren) enthält.
Eigenkapital	Guthaben, die zum Kauf einer Immobilie genutzt werden, zum Beispiel Sparguthaben oder Schenkungen.
Eigenkapitalersatzdarlehen	So werden Darlehen genannt, die im Grundbuch nachrangig oder gar nicht im Grundbuch abgesichert werden, welche jedoch den Beleihungsauslauf für das Hauptdarlehen verbessern. Ein besserer Beleihungsauslauf bedeutet i. d. R. einen günstigeren Zins, als wenn im Vergleich ein höheres Hauptdarlehen aufgenommen wird.
Eigenleistung	Eigenleistung ist der finanzielle Gegenwert von ersparten Handwerksleistungen. Beispiel: Malerarbeiten werden selbst durchgeführt. Ein Maler würde 3.000 Euro kosten. Wird es selbst gemacht, dann können diese 3.000 Euro als Eigenleistung angegeben werden. Eigenleistung ist ebenfalls eine Art Eigenkapitalersatz. Die meisten Banken deckeln die Höchstsumme von Eigenleistungen, die im Rahmen einer Finanzierung als Eigenkapitalersatz angegeben werden können. Mit Hilfe der Angabe von Eigenleistungen kann ggf. der Beleihungsauslauf reduziert werden. Ein niedrigerer Beleihungsauslauf bedeutet eventuell ein besserer Zins.
Fremdkapital	Ein anderer Begriff für Darlehen.
Grunderwerbsteuer	Bei Kauf einer Immobilie ist Grunderwerbsteuer zu zahlen. Je nach Bundesland liegt sie zum Zeitpunkt des Erscheinens dieses Buches bei 3,5 % bis 6 % auf den Kaufpreis.
Grundschuld	Eintragung im Grundbuch zur Absicherung eines Kredites. Mit der Eintragung der Grundschuld haftet die Immobilie bis zum eingetragenen Wert für das Darlehen.
KFW	Kreditanstalt für Wiederaufbau. Es handelt sich um eine Förderbank für bestimmte geförderte Kredite und Kreditformen. Viele sogenannte wohnwirtschaftliche Kredite, also Kredite für Immobilien, können hierüber abgeschlossen werden. Diese Darlehen können jedoch nicht direkt bei der KFW abgeschlossen werden, sondern müssen über ein anderes Kreditinstitut eingereicht werden.
Sicherungszweck-Erklärung	Eine schriftliche Vereinbarung zwischen der Bank und dem Kreditnehmer darüber, dass die eingetragene Grundschuld für ein bestimmtes oder für mehrere Darlehen als Sicherheit haftet. Sie wird auch Sicherungsvereinbarung, Zweckerklärung oder Sicherungszweckerklärung genannt.

Sollzins	Der Sollzins ist der tatsächlich zu zahlende Zins bezogen auf die Finanzierungssumme.
Verkehrswert	Ein anderer Begriff für Marktwert.
Vorfälligkeitsentschädigung	Wenn ein Darlehen vor Ablauf der Zinsbindung gekündigt wird, kann die Bank eine Vorfälligkeitsentschädigung für den entgangenen Gewinn verlangen. Bei Zinsbindungen von mehr als zehn Jahren kann der Darlehensnehmer das Darlehen jederzeit mit einer Kündigungsfrist von sechs Monaten kündigen (und zwar nach Ablauf von zehn Jahren nach der Vollauszahlung des Darlehens), ohne dass eine Vorfälligkeitsentschädigung verlangt werden darf (siehe § 489 BGB)
Zinsbindung	Die Zinsbindung ist der Zeitraum, für den ein Darlehen einen fest vereinbarten Zinssatz hat. Nach Ablauf der Zinsbindung ist nicht zwangsläufig auch das Darlehen zurückgezahlt. Im Immobilienfinanzierungsbereich ist am Ende der Zinsbindung häufig noch eine Restschuld vorhanden, für die ein neuer Zins und ein neuer Zinsbindungszeitraum vereinbart werden muss.
Zweckerklärung	Auch Zweckbestimmungserklärung genannt. Erklärung siehe Sicherungszweckerklärung.

Über die Autorin:

Daniela Landgraf, geboren 1972, ist erfolgreiche Keynote-Speakerin, Trainerin, Autorin und Coach. Als Kind der Finanzbranche war sie dieser fast 25 Jahre lang treu – als Beraterin, Vertriebsleiterin, Dozentin, Trainerin, Coach und als IHK-Prüferin. Sie kann auf zahlreiche Qualifikationen blicken, z.B. Finanzfachwirtin (IHK), Betriebswirtin, Personal Coach (IHK), Train the Trainer (IHK), Heilpraktikerin für Psychotherapie, Professional Speaker GSA (SHB) und viele andere. Seit einigen Jahren coacht sie auch Führungskräfte und Mitarbeiter aus anderen Branchen und steht mit ihren Impulsvorträgen regelmäßig auf der Bühne. Sie ist Autorin mehrerer Bücher, unter anderem von:

„Immobilienfinanzierung – eine humorvolle Lern-Unterstützung für Immobiliardarlehensvermittler und Makler", „Krisen meistern" (Haufe, 2020)

„Starker Selbstwert – Starkes Unternehmen" (ASV-Verlag, 2020),

„Raus aus der Krise – Rein ins Leben. Der Weg zur mentalen inneren Stärke" (Jünger Medien Verlag, 2019)

„Selbstwert ist Geld wert. Doch was bist Du Dir wert?" (Jünger Medien Verlag, 2018),

„Das neue Recht der Immobiliadarlehensvermittlung" (Haufe, 2016)

und als Co-Autorin Fachmann/ Fachfrau für Immobiliardarlehensvermittlung IHK (Haufe, Januar 2016 und März 2020)